Johannes Bours

Da fragte Jesus ihn

Johannes Bours

Da fragte Jesus ihn

Schritte geistlicher Einübung
in die Jesusnachfolge

Herder

Freiburg · Basel · Wien

*Für alle,
mit denen ich Exerzitien
halten durfte*

Umschlagbild:
Elfenbeinrelief, Dom von Salerno, 12. Jahrhundert
Foto Erich Lessing

Alle Rechte vorbehalten – Printed in Germany
© Verlag Herder Freiburg im Breisgau 1983
Imprimatur. – Freiburg im Breisgau, den 21. 9. 1983
Der Generalvikar: Dr. Schlund
Herstellung: Freiburger Graphische Betriebe 1983
ISBN 3-451-19970-X

Vorwort

Dieses Buch ist entstanden aus Exerzitien, besonders aus Einzelexerzitien. In den jeweils fünf bis zehn Tagen, die für die geistlichen Übungen zur Verfügung standen, wurde dem Übenden jeden Tag eine der Jesusfragen vorgelegt. Die Weisung hieß: sich mit der größtmöglichen Lebenswahrhaftigkeit der Frage zu stellen und die Einladung wahrzunehmen, die in ihr verborgen ist.

Aus den Fragen Jesu, die sich in den Evangelien finden, wurden achtzehn ausgewählt. Jedes Kapitel ist in vier Abschnitte gegliedert:
1. Ausführungen zu der Perikope, in der die Jesusfrage steht.
2. Impulse zur Besinnung auf die Jesusfrage.
3. Das Evangelium, die Frohbotschaft, die in dieser Frage liegt.
4. Ein Ausblick.

Einigen Kapiteln ist ein Gebet angefügt.

In den geistlichen Übungen wurde mit dem Übenden jeden Tag ein längeres Gespräch gehalten. Dieses Gespräch setzte besonders in den Impulsen zur Besinnung (2) und in der Begegnung mit dem in der Jesusfrage verborgenen Evangelium (3) an. Es war wichtig, den dritten Punkt hinzuzunehmen, damit die Besinnung auf die Jesusfrage nicht nur eine Art Gewissenserforschung bliebe. Das in diesem dritten Punkt durch den Druck Hervorgehobene kann zum Ausgangspunkt eines stillen, einfachen, meditierenden Verweilens werden. Der Ausblick (4) hat eine gewisse Beliebigkeit. Er kann durchaus ausgetauscht werden.

Wenn man das Buch als Anregung für geistliche Übungen benutzen will, ist es ratsam, mit den beiden ersten Fragen zu beginnen, dann aber aus den weiteren Fragen die für den Übenden besonders aktuellen auszuwählen.

Das Gespräch mit einem geistlichen Begleiter oder mit einem vertrauten Mitübenden wird – nachdem jeder für sich in der Stille sich der Jesusfrage gestellt hat – besonders förderlich sein. Auch hier gilt Hölderlins Wort:

*„Viel hat von Morgen an
Seit ein Gespräch wir sind und hören voneinander,
Erfahren der Mensch, bald sind wir aber Gesang."*

Wenn kein Gesprächspartner zur Verfügung steht, können schriftliche Aufzeichnungen, die aus der Besinnung hervorgehen, für manchen eine Hilfe sein. Sie dienen der Objektivierung, machen am Ende den Weg überschaubar, den man in den Übungen zurückgelegt hat, und sind Erinnerungsstütze für später.

Wenn Gott fragt, wenn Jesus fragt, dann ist das nicht eine Frage nach einer Information. Es ist das schreckliche, barmherzige Fragen, das den Menschen zu sich selbst führen will! „Adam, wo bist du?", „Kain, wo ist dein Bruder Abel?", „Was soll ich dir tun?"

„Jesu Fragen geben allein schon dadurch, daß sie teilweise ohne Antwort bleiben, zu erkennen, daß er selbst größer ist als jede mögliche Antwort. Er selber steht hinter und über jeder Auskunft über ihn, er übertrifft alle Antworten. *Seine Fragen wollen den Adressaten auf einen Weg bringen, den er selber mitwandert, um den Empfänger mehr und mehr in sein Geheimnis einzuweisen.* Jesus ist Fragesteller und Antwort zugleich. Es kann wohl niemand so richtig nach ihm fragen wie er selber, es kann aber auch keiner so antworten wie er selber. Er ist Frage und Antwort in einer Person; er ist der ‚treue Zeuge' (Offb 1, 5), der das Zeugnis bleibend in sich hat (vgl. 1 Joh 5, 10)" (Christian Schütz, Auf der Suche nach Jesus Christus. Düsseldorf 1982, S. 110).

Indem wir uns den Fragen Jesu stellen, versuchen wir in tastenden Schritten, die aus der Demut kommen müssen, seinen Erwartungen und Zu-mutungen entgegenzugehen, unser Leben mit dem seinen zu verflechten. Ob wir nicht hoffen dürfen, daß er unser Bemühen um Antwort auf seine Fragen mit einer Vertiefung der Freundschaft beschenkt, die er uns gewährt?

Inhalt

Vorwort 5

1. „Was soll ich dir tun?" 11
2. „Was sucht ihr?" 21
3. „Für wen haltet ihr mich?" 33
4. „Du Kleingläubiger, warum hast du gezweifelt?" 59
5. „Warum habt ihr solche Angst? Habt ihr noch keinen Glauben?" 71
6. „Wer von diesen dreien hat sich als der Nächste erwiesen?" 81
7. „Worüber habt ihr unterwegs gesprochen?" . . 93
8. „Ist denn keiner umgekehrt, um Gott zu ehren, außer diesem Fremden?" 105
9. „Warum siehst du den Splitter im Auge deines Bruders?" 115
10. „Glaubt ihr, daß ich dies tun kann?" 125
11. „Wollt auch ihr weggehen?" 133
12. „Begreift ihr, was ich an euch getan habe?" . . 143
13. „Könnt ihr den Kelch trinken, den ich trinke?" 159
14. „Konntest du nicht eine Stunde wachen?" . . . 171
15. „Als ich euch ohne Geldbeutel aussandte, ohne Vorratstasche und ohne Schuhe, habt ihr da an etwas Mangel gelitten?" 183
16. „Meine Kinder, habt ihr nicht etwas zu essen?" 199
17. „Liebst du mich?" 209
18. „Mein Gott, mein Gott, warum hast du mich verlassen?" 225

Anhang 235

I

Was soll ich dir tun?

Mk 10, 51 in 10, 46–52

⁴⁶ Und sie kommen nach Jericho. Und als er hinauszog von Jericho und seine Jünger und eine beträchtliche Volksmenge, saß der Sohn des Timäus, Bartimäus, ein blinder Bettler, am Wege. ⁴⁷ Und da er hörte, daß es Jesus, der Nazarener, ist, fing er an zu schreien und zu sagen: „Sohn Davids, Jesus, erbarme dich meiner!" ⁴⁸ Und es herrschten ihn viele an, daß er schweige. Er aber schrie noch viel mehr: „Sohn Davids, erbarme dich meiner!" ⁴⁹ Und Jesus blieb stehen, sprach: „Ruft ihn!" Und sie rufen den Blinden und sagen ihm: „Faß Mut, steh auf, er ruft dich!" ⁵⁰ Der aber warf sein Gewand ab, sprang auf und kam zu Jesus. ⁵¹ Und Jesus antwortete ihm und sprach: „Was soll ich dir tun?" Der Blinde aber sprach zu ihm: „Rabbuni, daß ich wieder sehe!" ⁵² Und Jesus sprach zu ihm: „Geh hin, dein Glaube hat dich heil gemacht!" Und gleich sah er wieder und folgte ihm auf dem Weg.

Übersetzung Rudolf Pesch

ZUR PERIKOPE

Ein blinder Bettler – Bild großer Hilfsbedürftigkeit. Der Name dieses einen wird für immer aufbewahrt sein. Das Ohr des Blinden ist sehr wach. Aus dem Stimmengewirr der großen Menschenmenge hört er heraus: Da geht Jesus von Nazaret vorüber. Er hat schon von Jesus gehört, er ruft „Sohn Davids", und darin liegt messianische Hoffnung, denn der Messias wird Sohn Davids sein. Er ruft mit einem Flehruf, der für die Jahrtausende ein Flehruf im Glauben unzähliger Bedürftiger geworden ist. Den Gesunden wird das Rufen des Behinderten lästig. Nicht weil er „Sohn Davids" ruft, den Messiasruf, soll er schweigen. Sie sind jetzt mit Jesus beschäftigt, und sie wollen sich nicht stören lassen. Der Lästige hält sie auf ihrem Weg mit Jesus auf, mit ihrem Jesus. Wie oft stellen sich dem Glaubensweg Hindernisse entgegen!

Aber der Blinde hat einen starken und hartnäckigen Glauben. Hat er ein besseres Gespür für das, was Jesus ist, als die große Menschenmenge? Oder ist dieses „Er aber schrie noch viel lauter" einfach der elementare Aufschrei aus dem Elend, der das Ordnungsgefüge der anderen durchdringt?

„Jesus blieb stehen." Jemand sagte mir, daß dies für ihn eine der bewegendsten Stellen des Evangeliums sei. Mitten im Strom der großen Menge bleibt Jesus stehen für diesen einen, ist er da für diesen einen. So ist Jesus! Das gibt mir Hoffnung.

Schnell fällt die Menge um. Gerade noch: „Sie

herrschten ihn an, daß er schweige", jetzt: „Faß Mut, steh auf, er ruft dich."

„Der aber warf sein Gewand ab, sprang auf und kam zu Jesus" – spontane Kraft der Glaubenshoffnung, die auf Jesus zuläuft, kein Hindernis mehr achtend. Große Stunde des Glaubens![1]

Und dann die Frage Jesu: „Was soll ich dir tun?" Wenige Verse vorher, in Mk 10,36, fragt Jesus die Söhne des Zebedäus: „Was wollt ihr, daß ich es euch tue?" Sieht Jesus nicht, was er dem Blinden tun soll? Wenn Jesus fragt, will er nicht eine Information für sich. Er fragt, damit der Mensch in dieser An-Frage zu sich selbst kommt. Damit der Mensch dessen inne wird, wie es mit ihm ist. Damit er seine tiefste Bedürftigkeit ganz ausdrücklich hinträgt vor Ihn!

„Rabbuni, daß ich wieder sehe!" Das ist, weit über die Situation dieses einen Blinden hinaus, die große Menschheitssehnsucht: Sehen können! Aus der Dunkelheit herausgeholt werden! Im Licht sein!

Eine frühe Handschrift hat in die Antwort des Blinden ein kleines Wort hinzugefügt, ein Wort, das die Antwort des Blinden in eine unerhörte Verwandlung hebt: „Rabbuni, ich möchte *dich* sehen

---

[1] In einigen Handschriften ist zu lesen, daß der Blinde seinen Mantel aufgenommen habe (‚epibalōn', nicht ‚apobalōn'). Das entspräche palästinensischem Milieu. Ein Bettler legte seinen Mantel vor sich hin, um darauf die Gaben zu empfangen. Nach griechischer Vorstellung hätte der Bettler seinen Mantel abgeworfen, um besser laufen zu können.

können!" Was muß in der Seele des Schreibers, der dieses „dich" hinzugefügt hat, vorgegangen sein, daß er das Wort des Blinden so wunderbar auslegen konnte!

„Und Jesus sprach zu ihm: Geh hin, dein Glaube hat dich heil gemacht!" Dein Glaube: Du hast deine Bedürftigkeit zu mir hin geöffnet und hast mir vertraut. So konnte meine Kraft in dich einströmen und dich verwandeln.

Was Jesaja verheißen hatte, erfüllt sich: „Die Augen der Blinden sehen im Dunkeln und Finstern" (Jes 29, 18).

„Und er folgte Jesus auf dem Weg". Solche Erfahrung mit Jesus hat Konsequenzen. Das lateinische Wort consequi heißt folgen. Jesus sagte zu ihm: „Geh!" Aber jetzt muß er mit dem gehen, der das Licht ist, der seine Dunkelheit hell gemacht hat. Ahnt er, daß der Weg, den er mit Jesus geht, auf das Kreuz zugeht? Hat er von diesem Jesus auch das Wort gehört, das (zwei Kapitel vorher) Jesus gesprochen hat: „Wenn jemand mir nachfolgen will, verleugne er sich selbst und nehme sein Kreuz auf, und so folge er mir"?

Es ist wichtig zu beachten, daß dieser Bericht von der Blindenheilung bei allen drei Evangelisten Mt, Mk, Lk berichtet wird, und zwar bei allen vor dem Einzug in Jerusalem. Da werden die Menschen rufen: „Gepriesen die kommende Königsherrschaft unseres Vaters David!" (Mk 11, 10). Aber da werden auch wenige Tage später die Menschen blind sein vor dem Schicksal dieses Davidssohnes.

ZUR BESINNUNG AUF DIE FRAGE JESU

1. Ich höre die Frage Jesu auf mein Leben hin: „Was soll ich dir tun?" – Was antworte ich ihm? – Was ist meine tiefste Bedürftigkeit? – Was ist mein Unheilsein? – Damit vor Jesus kommen.

2. Wo bin ich blind – für mich selber? Mein Schatten, der hinter mir mit mir geht! – Wo bin ich blind – für Menschen? – Wo bin ich blind – für Gott?

3. Was ist meine tiefste Sehnsucht, mein tiefstes Verlangen? Diese Sehnsucht, dieses Verlangen – was immer als solches in mir aufsteigt – kommen lassen. Auch wenn es zuerst fragwürdig zu sein scheint, das helle Licht des Bewußtseins scheuen will. Vielleicht steckt auch in der Mißgestalt meines Verlangens eine Lebenssehnsucht, die zu mir gehört, die ans Licht verlangt. Die wahre Sehnsucht aufkommen lassen. „Desiderium sinus cordis – Die Sehnsucht gibt dem Herzen Tiefe" (Augustinus):

„ ... in diesem Dasitzen am Weg in Blindheit und Lumpen, in dieser Sehnsucht nach deinem Gesicht.

Sich ausstrecken, mit allen gesammelten Kräften aus dem Nichts, das man Sünde nennt, auf dich hin, im tonlosen Schrei des Glaubens nach dir, Christus, zu warten, in Starkmut immer erwartend ein Kommendes, das Rettung ist, oder Heil, die Vergebung für alle ...

Denn aus immer tieferer Tiefe will Gott angerufen sein mit seinem ‚Jesus, Sohn Davids, erbarme dich meiner!' seit Gott unten ist, im grundlosen Unten, in das er hinabstieg am Kreuz." (Silja Walter, Ruf und Regel, Zürich 1980).

ICH BEGEGNE DEM EVANGELIUM

Das ist Frohe Botschaft für mich: Er hört meine Stimme, wenn ich zu ihm rufe: Jesus, Sohn Davids, erbarme dich meiner! Er will meine Blindheit von mir nehmen.

Er ist mein Licht.

Ihm will ich folgen, der mich sehend gemacht hat. – Ich will Bote dieses Evangeliums unter den Menschen sein.

EIN AUSBLICK

Der Mystiker ist einer, der etwas von Gott erfahren hat. Wenn wir die christlichen Mystiker fragen, welche Antwort sie auf die Frage Jesu geben: „Was soll ich dir tun?" – ihre Antwort wird lauten: Ich möchte im Glauben *„sehen"* können, daß Gott in mir wohnt! Teresa von Ávila sagt einmal: Alles Elend komme daher, daß wir nicht sehen, wie nahe er uns ist! In einem Gebet hört sie die Stimme Gottes, die ihr zuspricht: „Du bist mein Haus und meine Bleibe, bist meine Heimat für und für." Das ist die Aussage aller christlichen Mystiker: Gott wohnt in uns! Das Gebet Teresas trägt die Überschrift: „Gott spricht".

> O Seele, suche dich in Mir,
> und Seele, suche Mich in dir.
>
> Die Liebe hat in meinem Wesen
> dich abgebildet treu und klar;
> kein Maler läßt so wunderbar,
> o Seele, deine Züge lesen.
> Hat doch die Liebe dich erkoren
> als meines Herzens schönste Zier;
> bist du verirrt, bist du verloren,
> o Seele, suche dich in Mir.
>
> In meines Herzens Tiefe trage
> Ich dein Porträt, so echt gemalt;
> sähst du, wie es vor Leben strahlt,
> verstummte jede bange Frage.
> Und wenn dein Sehnen Mich nicht findet,
> dann such' nicht dort und such' nicht hier;
> gedenk, was dich im Tiefsten bindet,
> und, Seele, suche Mich in dir.
>
> Du bist mein Haus und meine Bleibe,
> bist meine Heimat für und für;
> Ich klopfe stets an deine Tür,
> daß dich kein Trachten von Mir treibe.
> Und meinst du, Ich sei fern von hier,
> dann ruf Mich, und du wirst erfassen,
> daß Ich dich keinen Schritt verlassen:
> und, Seele, suche Mich in dir. *Übersetzung Erika Lorenz*

Augustinus schreibt: „Unsere Aufgabe in diesem Leben ist nichts anderes, als das Auge des Herzens zu heilen, mit dem Gott gesehen wird." Und Teresa von Ávila bemerkt dazu: „Der heilige Augustinus berichtet uns, daß er Gott allenthalben suchte, bis er ihn endlich im eigenen Innern fand. Ihr müßt euch einmal vorstellen, wieviel diese Wahrheit für eine überallhin verstreute Seele bedeutet, wenn sie erkennt, daß sie nicht zum Himmel aufsteigen muß, um mit dem Vater zu reden, und daß kein lautes Rufen notwendig ist, um seine Liebe zu erfahren. Wie leise sie auch spreche, er ist so nahe, daß er sie hört. Sie braucht keine Flügel, um zu ihm zu gelangen, nur in die Einsamkeit muß sie gehen, in ihr Inneres schauen und sich nicht wundern über einen so hohen Gast."

Gott in mir! Im Innersten meines Daseins, in der innersten Kammer meiner „Seelenburg" wohnt Gott. Er ist mir ganz nahe. Die Tiefe ist in mir. In meinem innersten Wesensgrund ist der lebendige Quell, das lebendige Licht, das alles durchstrahlen will. Er ist in mir als Licht und Erbarmen.

Er ist in mir mit seiner Sehnsucht, mein Leben ganz erfüllen zu können: „Du brennender Gott in deiner Sehnsucht", sagt Mechthild von Magdeburg.

Der Weg zu Gott läuft nicht von mir weg: Gott ist ganz nahe! Und doch kann es ein lebenslanges Suchen und Wandern sein, dort bei mir anzukommen, wo Gott wohnt.

Meister Eckehart sagt: „Ich habe es schon oft gesagt, daß eine Kraft in der Seele ist. In dieser Kraft ist Gott blühend und grünend mit all der Freude und all der Herrlichkeit, wie er in sich selber ist. Da ist so herzinnige Freude, so unbegreiflich tiefe Freude, daß niemand es in Worten erschöpfen kann. Wenn Gott dem Menschen gäbe, mit einem Male zu *sehen*, wie er in dieser Kraft der Seele ist: seine Freude würde so groß, daß er all des Leides und der Armut nicht mehr gedächte."

Und Johannes Tauler sagt: „In dem Seelengrund liegt das wahre Bild der heiligen Dreifaltigkeit verborgen. Und dieser Grund ist so edel, daß man ihm keinen eigenen Namen zu geben vermag. Wer *sehen* könnte, wie Gott in diesem Grunde wohnt, den würde dieses *Gesicht* selig machen. Die Nähe und die Verwandtschaft zwischen der Seele und Gott sind in diesem Grunde so unaussprechlich groß, daß man es nicht wagt, viel darüber zu sagen und dessen auch nicht fähig ist."

Und Angelus Silesius faßt es zusammen in dem Vers:

„Die Seel ist ein Kristall, die Gottheit ist ihr Schein;
Der Leib, in dem du lebst, ist ihrer beider Schrein."

Wer dessen im Glauben inne wird, wer das „sehen" könnte, dem würde die Angst vertrieben; der ist aus der Enge in die Weite gekommen: ins Licht. Wie könnte der nicht ein Liebender sein!

Noch ist alles verborgen. „Liebe Brüder, jetzt sind wir Kinder Gottes. Aber was wir sein werden, ist noch nicht offenbar geworden. Wir wissen, daß wir ihm ähnlich sein werden, wenn er offenbar wird. Denn *wir werden ihn sehen,* wie er ist!" (1 Joh 3, 2–3).

2

Was sucht ihr?

Joh 1, 38 in 1, 35–42

³⁵ *Am Tag darauf stand Johannes wieder da mit zwei von seinen Jüngern,* ³⁶ *und er richtete seinen Blick auf Jesus, als er vorüberging, und sagte: „Seht, das Lamm Gottes!"* ³⁷ *Die beiden Jünger hörten sein Wort und folgten Jesus.* ³⁸ *Jesus aber wandte sich um, sah sie ihm folgen und fragte sie: „Was sucht ihr?" Sie aber sagten zu ihm: „Rabbi (das heißt übersetzt: Lehrer), wo wohnst du?"* ³⁹ *Er antwortete ihnen: „Kommt, und ihr werdet es sehen." Sie gingen nun (mit) und sahen, wo er wohnte, und blieben jenen Tag bei ihm. Es war um die zehnte Stunde.*

⁴⁰ *Andreas, der Bruder des Simon Petrus, war einer von den beiden, die (das Wort) von Johannes gehört hatten und ihm gefolgt waren.* ⁴¹ *Dieser traf zuerst seinen Bruder Simon und sagte zu ihm: „Wir haben den Messias gefunden (das heißt übersetzt: Christus)."* ⁴² *Er führt ihn zu Jesus. Jesus blickte ihn an und sprach: „Du bist Simon, der Sohn des Johannes, du sollst Kephas heißen (das heißt übersetzt: Petrus).* Übersetzung Rudolf Schnackenburg

ZUR PERIKOPE

Das Johannesevangelium sagt uns, daß die ersten Jünger Jesu aus der Jüngerschaft des Johannes des Täufers gekommen sind. Immer mehr wird sich das fortsetzen, es wird einsamer um Johannes werden. Bald wird man ihm sagen: „Rabbi, der Mann, der auf der anderen Seite des Jordans bei dir war und für den du Zeugnis abgelegt hast, der tauft jetzt, und alle laufen zu ihm" (Joh 3,26). Und Johannes gibt zur Antwort: „Er muß wachsen, ich aber muß kleiner werden" (Joh 3,30). Johannes selber hat sie hingewiesen auf den anderen: „Ich bin nicht der Messias, sondern nur ein Gesandter, der ihm vorausgeht. Wer die Braut hat, ist der Bräutigam; der aber, der dabeisteht und ihn hört, freut sich über die Stimme des Bräutigams. Diese Freude ist nun für mich Wirklichkeit geworden" (Joh 3,28–29). Und da nun Jesus eines Tages vorübergeht, zeigt Johannes auf ihn und sagt: „Seht, das Lamm Gottes!"

Jesus fragt die beiden Jünger, die ersten, die hinter ihm hergehen: „Was sucht ihr?"[1] Es ist das erste Wort Jesu im Johannesevangelium. „Es ist offenbar die erste Frage, die an den gerichtet werden muß, der zu Jesus kommt, über die er sich klar werden muß" (Bultmann). Später, im Garten Getsemani, wird Jesus noch einmal in einem ganz anderen Sinne die ähnliche Frage stellen: „Wen sucht ihr?" (Joh 18,7). Und noch einmal, wieder anders, am

---
[1] Im griechischen Urtext steht nicht „Was wollt ihr", wie die Einheitsübersetzung schreibt, sondern „Was sucht ihr".

Ostermorgen zu Maria Magdalena: „Wen suchst du?" (Joh 20,15).

Die Jünger stellen die Gegenfrage: „Meister, wo wohnst du?" – „Kommt und seht!" Man muß sich einlassen auf ihn, man muß mit ihm gehen: So wird man erfahren, wer er ist, wer er ist für mich. Er lädt ein; ich muß mich entscheiden. Es wird die Sternstunde ihres Lebens werden. „Sie sahen, wo er wohnte", wo er zu Hause war, wo er beheimatet war, wo er verwurzelt war: in Gott, seinem Vater! Da werden auch sie, die Jünger, Heimat finden müssen. „Sie blieben jenen Tag bei ihm, es war um die zehnte Stunde." Die zehnte Stunde ist Stunde der Wende und Stunde der Vollendung. (In Lev 23,27 heißt es: „Am zehnten Tag ... ist der Versöhnungstag, da sollt ihr heilige Versammlung halten"; die Zehnzahl der Gebote weist auf Fülle hin. In der zehnten Stunde, am Nachmittag, wurde das Abendopfer dargebracht.) Sie blieben den ganzen Tag bei ihm, sie werden für immer bei ihm bleiben. Es beginnt das „Bleiben", ein Kernwort des Johannesevangeliums: „Bleibt in mir, dann bleibe ich in euch. Wer in mir bleibt, und in wem ich bleibe, der bringt reiche Frucht" (Joh 15,4.5).

Schon beginnt das Fruchtbringen. Da sie von ihm weggehen, strömen sie über von der Kraft des Zeugnisses: „Wir haben den Messias gefunden." „Was sucht ihr?", so hatte es begonnen. Jetzt, da sie bei ihm gewesen sind, sind sie erfüllt von dem „Finden". Fünfmal kommt in den Versen 41 bis 45 das Wort „finden" vor.

In diesem Abschnitt wird sehr deutlich gesagt, wer dieser Jesus ist, den sie suchen. In der Aufzählung der Jesus-Bezeichnungen, die sich in diesen Versen 1, 35–51 finden, spiegelt sich das Jesusbewußtsein der johanneischen Gemeinde wider. Jesus ist: Lamm Gottes; Rabbi; Messias-Christus; „der, von dem Mose im Gesetz und die Propheten geschrieben haben"; Sohn Gottes; König in Israel; Menschensohn.

Wer Jesus sucht, so sagt Johannes den Suchenden, findet in ihm diese Fülle. Aber zuerst findet er in ihm das Lamm Gottes. Und dieses Lamm ist das wahre Passahlamm, der leidende Gottesknecht, von dem Jesaja (53, 5–7) gesagt hatte:

> „*Er wurde durchbohrt wegen unserer Verbrechen,*
> *wegen unserer Sünden zermalmt.*
> *Zu unserem Heil lag die Strafe auf ihm,*
> *durch seine Wunden sind wir geheilt.*
> *Wie ein Lamm, das man zum Schlachten führt,*
> *so tut auch er seinen Mund nicht auf.*"

ZUR BESINNUNG AUF DIE FRAGE JESU

Wir wollen die Frage Jesu so hören: Was sucht ihr, wenn ihr mir nachfolgt? Was suchst du in meiner Nachfolge?

1. Warum gehe ich ihm jetzt nach? – Was suche ich in seiner Nachfolge? – Erkenne ich auch unlautere Motive?

(In der alten Klosterschule in Denkendorf, die

auch Hölderlin als 14- bis 16jähriger besuchte, hatte der Klosterpräzeptor Johannes Albrecht Bengel († 1752) eine Schul- und Lebensordnung verfaßt, auf die er geschrieben hatte: „Dic cur hic – Sage: Warum bist du hier?)

2. Worin zeigt sich jetzt am deutlichsten, daß ich ihm nachfolgen möchte? – Worin besteht gegenwärtig das Wagnis meines Lebens mit ihm?

3. Wo hat sich mein Tun, mein Weg von ihm weg verselbständigt? – Wo habe ich ihn aus dem Auge verloren? – Worin zeigt sich mein Zögern, mein Zurückbleiben in der Nachfolge am deutlichsten?

4. Paßt mein Lebensstil zur Nachfolge? – Hält er seiner Frage stand? – Was sollte ich ändern?

5. Was hilft mir gegenwärtig am meisten, in seiner Spur zu bleiben, ihn im Blick zu bewahren?

6. „Jesus aber wandte sich um": Wann habe ich es erfahren, daß Jesus sich meinem Suchen zugewandt hat?

Eine chassidische Geschichte erzählt: „In Ropschitz, Rabbi Naftalis Stadt, pflegten die Reichen, deren Häuser einsam oder am Ende des Ortes lagen, Leute zu dingen, die nachts über ihren Besitz wachen sollten. Als Rabbi Naftali sich eines Abends spät am Rand des Waldes erging, der die Stadt säumte, begegnete er solch einem auf und nieder wandelnden Wächter. *„Für wen gehst du?"* fragte er ihn. Der gab Bescheid, fügte aber die Gegenfrage dran: „Und für wen geht Ihr, Rabbi?" Das Wort traf den Zaddik wie ein Pfeil. „Noch gehe ich für niemand", brachte er mühsam hervor, dann schritt er lange schweigend neben dem Mann auf und nieder. „Willst du mein Diener werden?" fragte er endlich. „Das will ich gern", antwortete jener, „aber was habe ich zu tun?" „Mich zu erinnern", sagte Rabbi Naftali."

Ich versuche, vor ihm meine lautersten Absichten für seine Nachfolge zu erwecken.

Als der hl. Ignatius von Antiochien († 107) auf dem Weg nach Rom ins Martyrium war, schrieb er in einem Brief an die Gemeinde von Ephesus das Wort: „Jetzt fange ich an, ein Jünger zu werden!"

ICH BEGEGNE DEM EVANGELIUM

Wenn ich anfange, in seine Nachfolge zu gehen:

Er wendet sich zu mir!

Es ist, als warte er auf die Schritte meiner Nachfolge. Die ersten Zeichen meiner Liebe und Verehrung zu ihm nimmt er wahr.

Je mehr ich in seine Nähe komme, desto stärker erfahre ich seine Einladung; desto mehr gewährt er mir, ihn kennenzulernen:

„Sie sahen, wo er wohnte."

Er läßt mein Suchen nach ihm nicht ins Leere gehen.

EIN AUSBLICK

Es gibt in jedem Menschen von Anfang an ein Suchen, eine Bewegung des Suchens. Es gibt in jedem Menschen eine Wahrheitsstimme, eine Wesensstimme, die ihn in eine Suchbewegung schicken will. Diese Stimme aus dem Wesen des Menschen ist in jener Tiefe seines Daseins, wo Gott durch ihn, den einen, unvertauschbaren Menschen, durchkommen will, in ihm aufblühen will. („Du bist meine Labung, ich bin deine Erblühung" [Mechthild von Magdeburg].) Die Suchbewegung, auf die der Mensch durch diese Wesensstimme geschickt wird, kann sehr unruhig sein, über Irrwege und Umwege laufen – wir denken etwa an Augustinus oder Charles de Foucauld. Es werden uns auf dieser lebenslangen Suchbewegung immer wieder Zeichen gegeben, „Zeichen am Weg" (Dag Hammarskjöld). Aber diese Zeichen erscheinen uns, sofern wir sie überhaupt wahrnehmen, oft vieldeutig zu sein, so daß wir sie nicht selten mißverstehen. Erst zurückschauend erkennen wir manchmal die wahre Bedeutung des Zeichens.

Dazu kommt etwas anderes, das in hohem Maße dazu angetan ist, unser Suchen zu stören oder geradezu flatterhaft werden zu lassen: das Stimmengewirr in uns und um uns. Es übertönt die leise Wesensstimme in uns. „O Wahrheit, ich hörte deine Stimme – und ich habe sie kaum vernommen vor dem lärmenden Getümmel der Friedlosen" (Augustinus). Wir sind auf eine Spurensuche geschickt, von der die ganze Richtung unseres Lebens abhängt. Aber unser Spürbewußtsein ist oft abgelenkt und abgestumpft „von dem lärmenden Getümmel der Friedlosen".

Die Stimme Gottes kommt nicht in einem Gewitter, das die Existenz des Menschen bedroht; es ist die „Stimme eines verschwebenden Schweigens", und es ist leicht, sie zu übertäuben. Solang dies geschieht, wird das Leben des Menschen zu keinem Weg. Mag ein Mensch noch soviel Erfolg, noch soviel Genuß erfahren, mag er noch so große Macht erlangen und noch so Gewaltiges zustande bringen: sein Leben bleibt weglos, solange er sich der Stimme nicht stellt (Martin Buber: Der Weg des Menschen nach der chassidischen Lehre).

Worauf richtet sich *zuerst* die Suchbewegung des Menschen?

Vielleicht kreist sie zuerst um die Frage: Wer bin ich? Es ist die Frage des Menschen nach sich selbst, nach seiner Identität. „Mihi quaestio factus sum – Ich bin mir zur Frage geworden", sagt Augustinus. Es ist die Suche des Menschen nach seinem wahrhaftigen Leben, nach seinem Ganzsein, seinem Reifsein. „Du mußt es wagen, du selbst zu sein. Was gewinnst du dabei? Die Größe des Daseins spiegelt sich in dir nach dem Maße deiner Reinheit", schreibt Dag Hammarskjöld in sein Tagebuch.

Ob der Mensch ahnt, daß er, wenn er sein wahres Selbst gefunden hat, auch von Gott gefunden ist? „Sis tu tuus, et ego ero tuus – Sei du dein, und

Ich werde dein sein", so spricht Gott in einem Gebet des Philosophen und Theologen Nikolaus von Kues († 1464). Und der Beter antwortet: „Herr, du hast es in meine Freiheit gelegt, daß ich mein sein kann, wenn ich es nur will. Gehöre ich darum nicht mir selbst, so gehörst auch du mir nicht."

Nun aber ist es eine der wichtigsten Erfahrungen, daß der Mensch reift, daß er „sein" wird: durch Begegnung!

Oft beginnt es damit, daß der Mensch auf seinem Reifungsweg zuerst Menschen begegnet, die selbst noch auf dem Suchweg sind. Stufen der Reifung führen dann weiter. So wie die Jünger zuerst auf Johannes den Täufer stoßen, der sie dann weiterverweist an den Meister.

Wie aber, wenn ich auf dem Suchweg wirklich vor *den* Meister komme, der allein zuletzt diesen Namen verdient? Vor ihn, der *der* Mensch ist? Er trägt mir alles zu, was mir hilft, ich selbst zu werden, meiner Sehnsucht die wahre Richtung zu geben und zuletzt die Erfüllung.

Wie verfährt er mit mir? Zuerst werde ich bei ihm sein müssen, um ihn immer mehr kennenzulernen, ihn lieben zu lernen; zu sehen, „wo er wohnt", wo er zu Hause ist. „Sie sahen, wo er wohnte, und sie blieben jenen Tag bei ihm."

Dann aber geschieht etwas Seltsames. Wenn dieses Bei-ihm-Bleiben mich mehr und mehr verwandelt hat durch seinen Geist, dann schickt er mich auf den Weg des Loslassens, ja des Sterbens. Am Ende aber, wenn ich mich ganz aus der Hand geben würde, würde die wunderbarste Fülle des Lebens mich von ihm her österlich überfluten.

Wie sollten wir nicht unsere Identität finden können bei dem, der wie kein Mensch sonst sagen kann: Ich bin! Bei ihm, der der freieste Mensch gewesen ist, dessen Wirken darin besteht, Freiheit zu verschenken. Bei ihm, der in letzter Gültigkeit sagen kann „Ich bin", weil sein Leben reine Anbetung Gottes ist, reines Sich-Gott-Lassen.

Wenn wir ihn wahrhaftig in den Blick bekommen und durch ihn auf den Weg der Verwandlung gelangt sind, dann geschieht etwas Unerwartetes: Er führt uns aus uns selbst hinaus – und so füllt sich von ihm her unser Selbst! Mechthild von Magdeburg sagt: „Ich danke dir für alle Treue, mit der du mich aus mir selbst in deine Wunder geführt hast." In das Wunder der geschenkten Einheit mit ihm, der sagen kann: „Ich bin"!

Wir können ihn nur in den Blick nehmen, weil er sich zuvor uns zugewandt hat. Ich bin von ihm angeschaut, ich bin von ihm geliebt, also bin ich! Amor, ergo sum – Ich bin geliebt, also bin ich.

Ein Gedicht des 1978 verstorbenen Neutestamentlers Heinrich Schlier, das die Überschrift trägt: „Was bin ich?", schließt mit den Zeilen:

„Was bin ich?
Gott sieht mich.
Ich bin sein Augenblick."

Und ein von Dietrich Bonhoeffer in der Haft geschriebenes Gedicht „Wer bin ich", das durch viele

Zeilen hindurch schmerzlich nach einer Antwort sucht, endet mit den Zeilen:

> *„Wer bin ich? Einsames Fragen treibt mit mir Spott.*
> *Wer ich auch bin, Du kennst mich, Dein bin ich, o Gott."*

Ich bin von ihm angeschaut – „Da wandte sich Jesu um" –: *Das* ist meine vorgegebene Möglichkeit, mich selbst und meine wahre Freiheit zu finden.

GEBET

Herr, du fragst mich: Was suchst du, wenn du mir nachgehst? Schon halte ich betroffen inne: Gehe ich dir wirklich nach? Nach außen hin gehe ich dir nach. Aber bin ich wirklich darin? Bin ich darin „von ganzem Herzen"?

Ich habe Mißtrauen gegen mich selbst: meine Beweggründe, dir nachzufolgen – wieviel Unlauteres, Ichbezogenes mischt sich darin? Sicher, es gibt Stunden der reinen Absicht. Aber es ist notwendig, daß du mich immer wieder fragst: was suchst du? Damit ich mit der Kraft deiner gütigen und ernsten Frage wieder angezogen werde von Dir, aus aller Ablenkung und Selbsttäuschung meines Jüngerweges.

Du fragst mich: Was suchst du? Ich möchte dir antworten: Herr, du weißt es: Dich suche ich!

3

Für wen haltet ihr mich?

Mk 8,29 in 8,27–35

²⁷ Und Jesus ging hinaus mit seinen Jüngern in die Dörfer von Cäsarea Philippi. Und unterwegs fragte er seine Jünger, sagte ihnen: „Für wen halten mich die Menschen?" ²⁸ Sie aber sprachen zu ihm, sagten: „Für Johannes den Täufer, und andere für Elija, andere aber: Einer der Propheten!" ²⁹ Und er selbst fragte sie: „Ihr aber, für wen haltet ihr mich?" Petrus antwortete, sagt ihm: „Du bist der Christus!" ³⁰ Und er redete ihnen ernsthaft zu, daß sie (es) niemandem sagten über ihn.

³¹ Und er fing an, sie zu lehren, der Menschensohn müsse viel leiden und von den Ältesten und Hohenpriestern und Schriftgelehrten verworfen werden und getötet werden und nach drei Tagen auferstehen. ³² Und frei heraus redete er das Wort. Und Petrus nahm ihn beiseite, fing an, ihn zu schelten. ³³ Er aber wandte sich um und sah seine Jünger, schalt Petrus und sagt: „Fort, mir nach, Satan: Du vertrittst ja nicht die Sache Gottes, sondern die Sache der Menschen."

³⁴ Und er rief die Volksmenge zusammen mit seinen Jüngern herbei und sprach: „Wenn einer mir nach kommen will, verleugne er sich selbst und nehme sein Kreuz und folge mir nach! ³⁵ Denn wer sein Leben retten will, wird es verderben; wer aber sein Leben um meinet- und des Evangeliums willen verderben wird, wird es retten."

Übersetzung Rudolf Pesch

ZUR PERIKOPE

Zunächst ist man geneigt, diese Jesusfrage nur einzubetten in die Verse 27-30. Aber wenn man weiterliest, entdeckt man, daß es gut ist, die nächsten Verse hinzunehmen. Denn da wird sichtbar, daß das Messiasbekenntnis des Petrus das Eingangstor zur Passion ist und daß es zugleich etwas zu tun hat mit der Rolle des Petrus in der Passion Jesu. Aber die Verse 31-33 sagen auch etwas darüber aus, welche Vorstellungen Petrus damals vor Ostern vom Messias hatte. Wenn man dann noch im nächsten Kapitel 9,2-10 hinzunimmt, dann erfährt man, daß die Petrus- und Jüngerunterweisung ihren Bogen spannt über die Passion hinaus in die österliche *Verklärung,* in die große Bestätigung Jesu durch den Vater: „Das ist mein geliebter Sohn; auf ihn sollt ihr hören."

„Unterwegs fragte er ...": auf dem Wege. Bald wird es der Weg nach Jerusalem sein, der Weg des Gottesknechtes. (Von weither geht der Weg auf Jerusalem zu; denn das Gebiet um Cäsarea Philippi liegt etwa ein bis zwei Tageswanderungen nördlich vom See Gennesaret in der Nähe der Jordanquellen.) Die vier Verse geben in äußerster Kürze ein Gespräch wieder, das von größter Bedeutung sein wird. Der Vers 30 schließt mit dem Wort „über ihn": Um ihn geht es entscheidend in diesem Dialog. Um ihn geht es entscheidend in unserem Leben! Jesus beginnt den Dialog direkt mit der Frage: „Für wen halten mich die Menschen?" Will Jesus eine Information? Oder zielt diese Frage schon weiter auf die nächste Frage: „Ihr aber, für wen haltet ihr mich?" Diese Frage, die weit mehr als Information erwartet. „Er macht sich frag-würdig" (H. Schlier). Während es nach der ersten Frage heißt: „Sie sagten zu ihm ...", ist bei der zweiten Frage wie selbstverständlich Petrus der Sprecher: „Simon Petrus antwortet ihm ..." Es ist, als sprächen sie nun wie mit *einer* Stimme, wie mit einem einzigen Bekenntnis.

Aus der Antwort der Jünger erfahren wir, was damals im Volk als Meinung umging über Jesus von Nazaret. Schon in Mk 6, 14–16 werden die gleichen Auskünfte gegeben: „Der König Herodes hörte von Jesus; denn sein Name war bekannt geworden, und man sagte: Johannes der Täufer ist von den Toten auferstanden; deshalb wirken solche Kräfte in ihm. Andere sagten: Er ist Elija. Wieder andere: Er ist ein Prophet, wie einer von den alten Propheten. Als aber Herodes von ihm hörte, sagte er: Johannes, den ich enthaupten ließ, ist auferstanden."

Offenbar nimmt Jesus das Bekenntnis des Petrus an; das geht indirekt aus dem Verbot Jesu hervor, darüber mit anderen zu sprechen. Die Gefahr eines Messias-Mißverständnisses war groß in einer Zeit, in der apokalyptische und politische Messiaserwartungen das Volk aufwühlten. Die folgenden Verse 31–33 lassen ja deutlich erkennen, daß für das Messiasbewußtsein Jesu als des leidenden Gottesknechtes auch bei Petrus kein Verständnis war, wieviel weniger in der Volksmeinung. Jesus herrscht den

Petrus an in großer Erregung: „Weg mit dir, Satan, geh mir aus den Augen! Denn du hast nicht das im Sinn, was Gott will, sondern was die Menschen wollen." Es ist wie ein Nachklang des Gotteswortes bei Jesaja: „Meine Gedanken sind nicht eure Gedanken, und eure Wege sind nicht meine Wege – Spruch des Herrn" (Jes 55, 8). Erst nach Ostern wird den Jüngern aufgehen, was Paulus in das Wort faßt: „Wir dagegen verkündigen Christus als den Gekreuzigten: für Juden ein empörendes Ärgernis, für Heiden eine Torheit, für die Berufenen aber, Juden wie Griechen, Christus, Gottes Kraft und Gottes Weisheit" (1 Kor 1, 23–24).

Darin aber liegt auch für uns eine Mahnung, wenn wir der Frage nachgehen: Wer ist Jesus für mich? Die Antwort, so sehr sie auch *meine* Antwort sein muß und darf, muß aufgehoben sein im Christusbild der Evangelien; sie darf nicht im Eigenentwurf liegen. „Unter die Haut aber geht diese Botschaft dann, wenn man einsieht, daß die Glaubenden auf denselben Weg wie Jesus gestellt sind. Das äußere Bekennen kann leicht sein, der Nachvollzug ist schwer. Das Aufbegehren (des Petrus) kommt aus dem existentiellen Betroffensein. Es kann dazu verhelfen, das Lippenbekenntnis zu echtem Glauben reifen zu lassen" (Joachim Gnilka).

ZUR BESINNUNG AUF DIE FRAGE JESU

Jede Zeit gibt auf die Frage Jesu: Für wen haltet ihr mich? Wer bin ich für euch?, ihre Antwort. Als Augustinus als junger Mann, noch nicht getauft, in Karthago in die katholische Basilika ging, sah er das Christusbild seines Jahrhunderts: Christus als Weisheitslehrer. „Der Christus der volkstümlichen Vorstellung war nicht ein leidender Erlöser. Das vierte Jahrhundert kennt keine Kruzifixe ... Auf den Sarkophagen dieser Zeit ist er immer als Lehrer dargestellt, der seine Weisheit einem angehenden Philosophen weitergibt. Für einen kultivierten Mann bestand gerade darin das Wesen des Christentums. ‚Hier, hier ist das, wonach alle Philosophen ihr Leben lang gesucht haben', schreibt Lactantius" (Peter Brown, Augustinus von Hippo). Wie anders ist etwa das Christusbild tausend Jahre später, das Matthias Grünewald († 1528) im Isenheimer Altar gemalt hat. Wie anders das Christusbild unserer Zeit; antlitzlos, es sei denn, es erhalte sein Antlitz im Antlitz der Armen und Gefolterten.

In dem Buch „Wer ist Jesus von Nazaret – für mich?" hat Heinrich Spaemann Zeugnisse von Menschen unserer Tage zu dieser Frage gesammelt (erschienen im Kösel-Verlag, München 1973). Da stehen Antworten wie diese:

Barbara Albrecht: „Jesus Christus ist Grund meiner Hoffnung."

Hans Urs von Balthasar: „Der einzige Mensch in der Weltgeschichte, der einen Anspruch zu stellen gewagt hat, wie ihn Gott im Alten Bund erhob ... Einem Weisen ziemt Bescheidenheit, und einem Propheten ziemt es, ‚Spruch des Herrn', nicht ‚Ich aber sage euch' zu sagen. Gott der Vater hat diesen Anspruch mit der Auferweckung Jesu bestätigt."

Rudolf Schnackenburg: „Jesus ist mir die vorher nie dagewesene und niemals überholbare Offenbarung Gottes in seiner Zuwendung zu den Menschen und in seinem Anspruch an die Menschen, und zwar in einer Weise, daß ich selbst durch Jesus unmittelbar angesprochen und angefordert bin ... Meine letzte Hoffnung, und wäre es ‚wider alle Hoffnung', erwächst aus dem Glauben, daß Gott den Gekreuzigten auferweckt hat."

Helmut Gollwitzer: „Er stört mich. Ich kann mich wegen seines Dazwischentretens nicht verhalten, wie ich zunächst wollte. Oft genug tue ich es natürlich, leider. Aber er überläßt mich nicht meinen Neigungen und Launen. Er ringt mit mir ... So gestört zu werden ist das Heilsamste, was uns widerfahren kann."

Dorothee Sölle: „Was tut er mir? Ich lerne von ihm ... Ich lerne von ihm, allen Zynismus zu überwinden. Diese Lektion finde ich heute am schwersten – es gibt überzeugende Gründe, Menschen zu verachten, es gibt großartige Gründe, mich selber zu verachten. Es gibt eine Versuchung, das Leben nur teilweise, nur ein Stück weit, nur unter Umständen zu bejahen. Er beschämt mich – meine endliche, ungeduldige, teilweise, oberflächliche Bejahung. Er lehrt mich ein unendliches, revolutionäres, nichts und niemanden auslassendes Ja."

Richard Egenter: „Dieser Mensch Jesus von Nazaret stellt mich vor bzw. in das Geheimnis Gottes, dem ich sonst nur auf mühseligen Denkwegen nahe komme."

Emmanuel von Severus OSB: „Heute, nach langen Mönchs- und Priesterjahren: ER, ohne den ich nichts tun kann und will, dem ich ganz gehöre und nichts vorziehen will."

Vera von Trott: „Der mein ganzes Leben in Frage stellt – und ihm Sinn gibt."

Monica von Canstein: „Er ist die Liebe, er muß es sein, sonst dürfte ich nicht mehr leben. Durch ihn sehe ich unseren Vater, der uns die Freiheit schenkt, von ihm weggehen zu können. Wenn ich mich umwandte und am Abgrund anlangte, fand ich dort Jesus."

Ein Mann, in der Lebensmitte stehend, der ein leidvolles Lebensschicksal zu tragen hat, sagte mir: Jesus ist für mich der, der das Leid zu Gott hin öffnet. Ich kann nur als Christ leben, weil er als einziger das Leid öffnet auf einen letzten Sinn hin.

FRAGEN ZUR BESINNUNG

In einem Gebet von Roger Schutz heißt es: „Du, Christus, forderst mich unablässig heraus und fragst mich: Für wen hältst du mich?"

1. Wer ist Jesus für mich? Unmittelbar vor ihn kommen: Wer bist du für mich? Darf ich so fragen? – Ich höre seine Frage an mich: Wer bin ich für dich? Er will nicht Information; seine Frage ist Lebensfrage an mich!

2. Gibt es in meinem Leben entscheidende Stellen der Christusbegegnung, wo diese Frage eine Antwort suchte und fand? – Ich wandere mit dieser Frage durch mein Leben: meine früheste Erinnerung an Jesus Christus; wie wandelte sich sein Bild im Laufe meines Lebens?

3. Wenn ich Künstler wäre: Wie würde ich ihn am liebsten darstellen?

4. Wenn ich Künstler wäre: Wie würde ich ihn und mich in der Beziehung zueinander darstellen?

5. Richtet sich mein Gebet mehr an Gott oder an Christus? Warum ist es so?

6. Worin bekenne ich mich gegenwärtig in meinem Leben am ehesten zu ihm? (Wenn ein Nichtchrist bei mir wohnte – was würde er als christlich, als christuszugehörig an mir erkennen?).

7. Petrus bekennt sich zum Christus-Messias, aber er lehnt einen leidenden Messias ab. Bekenne ich mich zu Christus, dem Menschensohn, der in der Leidensgeschichte der Menschen verborgen ist? Oder lebe ich ahnungslos vorbei an dieser sich fortsetzenden Leidensgeschichte des Menschensohnes, so daß auch ich in den Worten der im Gericht Fra-

genden einbeschlossen bin: „Herr, wann haben wir dich hungrig, durstig, fremd, nackt, krank, im Gefängnis gesehen?" (Mt 25,31 f).

Die Frage Jesu muß ihre Antwort finden im Leben mit ihm! Nur wenn ich mich mit meinem Leben für ihn entscheide, werde ich mehr und mehr erkennen, wer er ist.

ICH BEGEGNE DEM EVANGELIUM

Daß er auch *mich* fragt! Es liegt ihm an meiner Antwort. Er wartet auf sie!

Daß seine Frage nicht wie eine Prüfungsfrage an mich ist, sondern im Raum jenes „Da sah ihn Jesus an und liebte ihn" (Mk 10,21) gestellt ist! Wie die Einladung zu einer gegenseitigen Freundschaftserklärung!

Daß es mir geschenkt ist,
an ihn glauben zu können:
„Du bist der Messias!"

Ein Gedicht von Novalis beginnt mit den Zeilen:

„Was wär ich ohne dich gewesen?
Was würd ich ohne dich nicht sein?"

Und dann:

„Wer hielte ohne Freund im Himmel,
Wer hielte da auf Erden aus?"

GEBET

Du, o Christus, forderst mich unablässig heraus und fragst mich: „Für wen hältst du mich?"

Du bist es, der mich liebt bis in das Leben, das ohne Ende ist.

Du öffnest mir den Weg zum Wagnis. Du gehst mir voraus auf dem Weg zur Heiligkeit, wo der das Glück findet, der liebt bis in den Tod, und wo das Martyrium die letzte Antwort ist.

Tag für Tag wandelst du das Nein in mir um in ein Ja. Du willst nicht nur ein paar Brocken von mir, sondern mein ganzes Dasein.

Du bist es, der Tag und Nacht in mir betet, ohne daß ich darum weiß. Mein Stammeln ist Gebet. Im Anruf deines Namens, Jesus, erfüllt sich unsere Gemeinschaft.

Du bist es, der jeden Morgen den Ring des verlorenen Sohnes, den Ring des Festes, an meinen Finger steckt.

Und ich, warum habe ich so lange gezögert? Habe ich „die Herrlichkeit Gottes gegen Ohnmacht ausgetauscht, habe ich den Quell lebendigen Wassers verlassen und mir Zisternen gegraben, rissige Zisternen, die das Wasser nicht halten?" (Jer 2).

Du hast mich unablässig gesucht. Warum habe ich gezögert und mir Zeit erbeten, um mich um meine Angelegenheiten zu kümmern? Warum habe ich zurückgeschaut, nachdem ich die Hand an den Pflug gelegt hatte? Ohne es recht zu wissen, bin ich untauglich geworden, dir nachzufolgen.

Und doch, obwohl ich dich nicht gesehen habe, habe ich dich geliebt.

Du hast mir wiederholt gesagt: „Lebe das wenige, was du vom Evangelium begriffen hast. Verkünde mein Leben unter den Menschen. Entzünde ein Feuer auf der Erde. Komm und folge mir nach..."

Und eines Tages habe ich begriffen: Du wolltest meinen unwiderruflichen Entschluß.

Roger Schutz, Taizé

EIN AUSBLICK

Friedrich Hölderlin: Der Einzige

„Für wen haltet ihr mich?" Das Gedicht „Der Einzige" zeigt, wie Hölderlin um eine Antwort auf diese Frage gerungen hat. Das Gedicht ist das bewegende Zeugnis eines großen Suchenden. Es ist gut für uns, das Wort der Dichter zu hören. „Die Fähigkeit und die Übung, das dichterische Wort zu vernehmen, ist eine Voraussetzung dafür, das Wort Gottes zu hören" (Karl Rahner). Und: „Die Dichtung disponiert zum Übernatürlichen. Die Atmosphäre der Sensibilität, in die sie uns hüllt, schärft unsere geheimsten Sinne, und unsere Antennen spüren in Tiefen, von denen unsere offiziellen Organe nichts wissen" (Jean Cocteau).

Friedrich Hölderlin ist am 20. März 1770 in Lauffen am Neckar geboren, am 21. März getauft. Sein Vater war dort „Klosterhofmeister" der Güter eines ehemaligen Klosters. Zwei Jahre nach der Geburt Friedrichs stirbt der Vater mit 36 Jahren. Wieder zwei Jahre später heiratet seine Mutter Johann Christoph Gock in Nürtingen, wo dieser bald Bürgermeister wird. Die Familie ist nicht unvermögend. Ab 1805, als Friedrich Hölderlin also 35 Jahre ist, bricht bei ihm endgültig die Krankheit aus, die ihn bis zum Tode im Jahre 1843, die Hälfte des Lebens, in geistiger Nacht im Turm in Tübingen leben läßt. Wir denken an das Gedicht „Hälfte des Lebens", das er wenige Jahre vor dem Ausbruch der Krankheit dichtete:

Hälfte des Lebens

Mit gelben Birnen hänget
Und voll mit wilden Rosen
Das Land in den See,
Ihr holden Schwäne,
Und trunken von Küssen
Tunkt ihr das Haupt
Ins heilignüchterne Wasser.

Weh mir, wo nehm ich, wenn
Es Winter ist, die Blumen, und wo
Den Sonnenschein,
Und Schatten der Erde?
Die Mauern stehn
Sprachlos und kalt, im Winde
Klirren die Fahnen.

Als 18jähriger zieht Hölderlin in das berühmte Tübinger Stift, wo er Theologie studieren wird. Zur gleichen Zeit leben Hegel und Schelling mit ihm im Stift.

Chr. Th. Schwab schreibt später von Hölderlins Stiftszeit: „... Die Freundschaft mit Hölderlin gewann schon durch seine körperliche Schönheit etwas Idealisches: Seine Studiengenossen haben erzählt, wenn er vor Tische auf- und abgegangen, sei es gewesen, als schritte

Apollo durch den Saal, und diesem Äußeren entsprach der zarte, im Zusammenstoße mit der gemeinen Wirklichkeit zur Melancholie werdende Schwung der Seele, der sich die Gattung der Hymne zum Ausdruck seiner begeisterten Empfindung wählte. In jener Harmonie des innern und äußern Wesens lag eine ungemeine Anziehungskraft, und Neuffer besang daher Hölderlin am ersten Geburtstag, den dieser in Tübingen feierte, als einen Engel vom Himmel, der ihm zur Begleitung auf dem rauhen Lebensweg gesandt worden sei ...
Eine ihn überall empfehlende Lieblingsbeschäftigung Hölderlins blieb die Musik. Als der damals berühmte blinde Flötenspieler Dülon sich einige Zeit in Tübingen aufhielt, nahm er Unterricht bei demselben, und bald erklärte der Meister, daß der Schüler bei ihm nichts mehr zu lernen habe. Die Ausübung dieses musikalischen Talentes ... sollte später die trostlosen Tage seines schattenhaften Greisenlebens erheitern ..."

Und aus den Erinnerungen eines anderen Stiftsgenossen, Ph. J. von Rehfues: „... Merkwürdigerweise ist mir von diesen Musikaufführungen im Stift niemand im Gedächtnis geblieben als der unglückliche Hölderlin. Er spielte die erste Violine, und ich hatte als erster Sopran neben ihm meine Stelle. Seine regelmäßige Gesichtsbildung, der sanfte Ausdruck seines Gesichts, sein schöner Wuchs, sein sorgfältiger reinlicher Anzug und jener unverkennbare Ausdruck des Höheren in seinem ganzen Wesen sind mir immer gegenwärtig geblieben. In meinem Gedächtnis steht er, mit der Violine in der Hand und dem Ausdruck der nickenden Hinwendung zu mir, wenn ich mit meiner Stimme einhalten sollte ..."

Um so mehr berührt uns das Zerbrechen dieser Jünglingsgestalt in der 1805 ausbrechenden Krankheit. 1807 wird Hölderlin der Familie des Schreinermeisters Zimmer zur Pflege anvertraut, nachdem Hölderlin zuvor ein Jahr in einer Tübinger Klinik verbracht hatte. Schreinermeister Zimmer berichtet später (1835): „Im Klinikum ... wurde es mit ihm noch schlimmer. Damals habe ich seinen Hyperion ... gelesen, welcher mir ungemein wohl gefiel. Ich besuchte Hölderlin im Klinikum und bedauerte ihn sehr, daß ein so schöner herrlicher Geist zu Grund gehen soll. Da im Klinikum nichts weiter mit Hölderlin zu machen war, so machte der Kanzler Autenrieth mir den Vorschlag, Hölderlin in mein Haus aufzunehmen, er wüßte kein passenderes Lokal. Hölderlin war und ist noch ein großer Naturfreund und kann in seinem Zimmer das ganze Neckartal samt dem Steinlacher Tal übersehen" (zitiert in: Hölderlin, Chronik seines Lebens. Insel-Verlag, Frankfurt a. M. 1975, 102).

Als 1826 Hölderlins Gedichte von Schwab, Uhland und Kerner herausgegeben werden, nimmt er das kaum wahr. Gelegentlich entstehen in den Jahrzehnten seiner Umnachtung noch einzelne Gedichte und Verse, etwa:

Bruchstück

Das Angenehme dieser Welt hab ich genossen. [sen.
Der Jugend Freuden sind wie lang! wie lang! verflos-
April und Mai und Julius sind ferne,
Ich bin nichts mehr, ich lebe nicht mehr gerne.

Oder:

Bruchstück

Die Schönheit ist den Kindern eigen,
Ist Gottes Ebenbild vielleicht,
Ihr Eigentum ist Ruh' und Schweigen,
Den Engeln auch zum Lob gereicht.

Es sind wirklich Bruchstücke eines zerbrochenen Lebens. Manche Gedichte unterzeichnet er mit dem Namen *Scardanelli*, etwa: „3. März 1648 Scardanelli".

Als Hölderlin 58 Jahre alt ist, 1828, stirbt seine Mutter. Sie hat ihn nie in seinem Turm besucht.

Wie war der christliche Weg Hölderlins? Hölderlin war aufgewachsen in der behüteten und geschlossenen Welt des schwäbischen Pietismus. Aber in den Jahren im Tübinger Stift verliert er mehr und mehr die Beziehung zum kirchlichen Christentum, wie er es in seiner Umwelt vorgefunden hatte. Es ist die Zeit, in der der ungebrochene, naive Pietismus in ungeheurer Spannung steht zum Geist der Aufklärung, der mächtig den Sinn der jungen Theologiestudenten ergreift. 1788, in dem Jahr, in dem Hölderlin ins Stift einzieht, erscheint Kants „Kritik der praktischen Vernunft". Es erscheinen die Schriften Herders, Fichtes. In Frankreich bricht die große Revolution aus, für die sich die Studenten im Stift begeistern als den großen Freiheitsdurchbruch.

Noch beginnt eine „Probepredigt" Hölderlins mit den Worten: „Meine Freunde! Seit Anbeginn ehrte nichts die Menschheit so wie die Menschwerdung Christi..." Aber am Ende der Studienzeit sieht sich Hölderlin, wie auch Hegel, entgegen dem brennenden Wunsch seiner Mutter, außerstande, Pfarrer zu werden. Er wird, wie auch Hegel, seinen Lebensunterhalt als Hauslehrer verdienen.

Der Christus seines ihm überlieferten Glaubens ist völlig verblaßt. Seit 1791 war Christus nicht mehr von ihm genannt worden. Als er zum 30. Dezember 1798 zum Geburtstag seiner frommen Großmutter („Meiner verehrungswürdigen Großmutter") ein Christusgedicht verfassen will, ringt er so um die Gestalt Christi, daß er, wie er in einem Brief schreibt, „den Schlaf nachher nicht finden konnte". Erst in den letzten Jahren, als die Krankheit sich schon anmeldete und zugleich seine dichterische Kraft einen Höhepunkt erreicht, beginnt er erneut leidenschaftlich nach *seinem* Christus zu suchen. Das Gedicht „Der Einzige" ist dafür das bewegendste Zeugnis.

Hölderlins großes dichterisch-prophetisches Anliegen war, die Natur (den Kosmos), das Göttliche und den Menschen als Einheit zu schauen. Er glaubte, daß das Griechenland der Antike die Zeit gewesen sei, in der diese Zusammenschau Wirklichkeit war. Und so ist dieses Griechenland das Land seiner dichterischen Vision. Seine Augen sahen das Durchscheinen der göttlichen Wirklichkeit in der Natur, im Kosmos, sahen den „theophanen Naturkosmos"; so war er in einem einzigartigen Sinne „fromm" und voller Ehrfurcht. „Es gibt bei Hölderlin kein einziges Gedicht, das gebetlos wäre, das heißt nicht glaubend im voraus ein all-einschließendes Ja zur Wirklichkeit spräche: ‚Was geschiehet, es sei alles gesegnet dir, sei zur Freude gewandt'... Hölderlin betrachtet in beinah anbetendem Staunen das Wunder der antiken Welt, der es gelang, eine totale Gotterfahrung im Kosmos heil und ungebrochen in Kunst zu vergeistigen; er betrachtet diese Herrlichkeit durch christliche Augen und ein christliches Herz, welches sie fraglos als Herrlichkeit der Liebe sieht und versteht ... Das Christliche, zu dem Hölderlin sich von Anfang an und bis zuletzt bekennt, hat sich längst, wie eine Flüssigkeit, durch den ganzen Garten der Antike ergossen und dort alles zum Blühen gebracht, während der alte Behälter leerlief ..." Und doch bleibt zu fragen, ob dies nicht „Ausdruckssprache für eine elementar christliche Glaubenserfahrung ist, nämlich für die Immanenz und Nähe, die verborgen (abwesend) anwesende Leidensherrlichkeit der göttlichen Liebe als Wasserzeichen des Kosmos" (Hans Urs von Balthasar, Herrlichkeit III/1, 644 f).

Als sich die Freunde Hölderlin, Hegel und Schelling am Ende ihrer Studienzeit voneinander verabschieden, einigen sie sich auf eine „Parole", an der sie sich später wiedererkennen wollen. Diese Parole heißt: „Reich Gottes!" Ob nicht Hölderlin diese Parole „christlicher" durchgehalten hat als Hegel?

Aber die große Zusammenschau Hölderlins von Kosmos, Gott und Mensch war nicht eine spannungslose Lichteinheit. Mitten im Hyperion, der großen Prosadichtung, steht das „Schlüsselwort": „Des Herzens Woge schäumte nicht so schön empor und würde Geist, wenn nicht der alte stumme Fels, das Schicksal, ihr entgegenstände." Er ahnt – ähnlich wie Jean Paul in der „Rede des toten Christus von der Zinne des Weltgebäudes herab" –, wie „die kalten Winde des Nichts" aus dem dunklen Abgrund heraufwehen. Im Hyperion stehen die erschütternden Sätze dieser bedrohenden Unglaubenswoge: „O ihr Armen, die ihr ... auch so durch und durch ergriffen seid vom Nichts, das über euch waltet, so gründlich einseht, daß wir geboren werden für Nichts, daß wir lieben ein Nichts, glauben ans Nichts, uns abarbeiten für Nichts, um mählich überzugehen ins Nichts – was kann ich dafür, daß euch die Knie brechen, wenn ihrs ernstlich bedenkt?"

Dennoch: Hölderlin bewahrt durch alle solche Bedrohung hindurch das gläubig-eschatologische Ja:

Es komme der Himmlische
Zu Toten herab und gewaltig dämmerts
Im ungebundenen Abgrund ...

heißt es im Gedicht „Die Titanen".

Hans Urs von Balthasar: „Je weiter ins Dunkel Hölderlin schreitet, je mehr die Nacht von ihm Besitz ergreift, umso unbeirrter bewahrt er seine betende all-bejahende Haltung auch den Abgründen, dem Furchtbaren, dem Chaos gegenüber."

Zum Gedicht: Der Einzige

Es gibt drei Fassungen dieses Gedichtes, alle drei sind Fragment geblieben. Sie sind zwischen Herbst 1801 und Herbst 1803 entstanden, Hölderlin war 30 bis 33 Jahre alt. Im Dezember 1801 bricht er zu Fuß nach Bordeaux auf; Ende Januar 1802 trifft er dort ein, um eine Hauslehrerstelle des Konsuls Meyer anzutreten. Schon im Mai verläßt er Bordeaux wieder, man kennt den Grund nicht. Mitte Juni trifft er „erschöpft und erregt, in Stuttgart bei den Freunden ein, nach Matthison, dem er sich flüchtig zeigt und ‚mit hohlem Tone' sich vorstellt, ‚leichenblaß, abgemagert, von hohlem, wildem Auge, langem Haar und Bart, und gekleidet wie ein Bettler'. Nach kurzem Aufenthalt erscheint er daheim (in Nürtingen), nach Karl Gock (seinem Stiefbruder) mit den ‚deutlichsten Spuren seiner Geisteszerrüttung'" (Hölderlin. Chronik seines Lebens. Frankfurt a. M.).

In einem Brief aus Frankreich hatte er geschrieben: „Das gewaltige Element, das Feuer des Himmels ... hat mich ... ergriffen, und wie man Helden nachspricht, kann ich wohl sagen, daß mich Apollo geschlagen."

Die Krankheit kündet sich zuerst immer nur in Schüben an, in den klaren Zeiten dazwischen entstehen große Gedichte.

Der Einzige
Erste Fassung

Was ist es, das
An die alten seligen Küsten
Mich fesselt, daß ich mehr noch
Sie liebe, als mein Vaterland?
Denn wie in himmlische
Gefangenschaft verkauft
Dort bin ich, wo Apollo ging
In Königsgestalt,
Und zu unschuldigen Jünglingen sich
Herabließ Zevs und Söhn in heiliger Art
Und Töchter zeugte
Der Hohe unter den Menschen.

Der hohen Gedanken
Sind nämlich viel
Entsprungen des Vaters Haupt
Und große Seelen
Von ihm zu Menschen gekommen.
Gehöret hab ich
Von Elis und Olympia, bin
Gestanden oben auf dem Parnaß,
Und über Bergen des Isthmus,
Und drüben auch
Bei Smyrna und hinab
Bei Ephesos bin ich gegangen;

Viel hab ich Schönes gesehn,
Und gesungen Gottes Bild
Hab ich, das lebet unter
Den Menschen, aber dennoch,
Ihr alten Götter und all

Ihr tapfern Söhne der Götter,
Noch Einen such ich, den
Ich liebe unter euch,
Wo ihr den letzten eures Geschlechts,
Des Hauses Kleinod mir
Dem fremden Gaste verberget.

Mein Meister und Herr!
O du, mein Lehrer!
Was bist du ferne
Geblieben? und da
Ich fragte unter den Alten,
Die Helden und
Die Götter, warum bliebest
Du aus? Und jetzt ist voll
Von Trauern meine Seele,
Als eifertet, ihr Himmlischen, selbst,
Daß, dien ich einem, mir
Das andere fehlet.

Ich weiß es aber, eigene Schuld
Ists! Denn zu sehr,
O Christus! häng ich an dir,
Wiewohl Herakles Bruder
Und kühn bekenn ich, du
Bist Bruder auch des Eviers, der
An den Wagen spannte
Die Tiger und hinab
Bis an den Indus
Gebietend freudigen Dienst
Den Weinberg stiftet' und
Den Grimm bezähmte der Völker.

Es hindert aber eine Scham
Mich, dir zu vergleichen
Die weltlichen Männer. Und freilich weiß
Ich, der dich zeugte, dein Vater,
Derselbe der,

Denn nimmer herrscht er allein.

   Es hänget aber an Einem
Die Liebe. Diesesmal
Ist nämlich vom eigenen Herzen
Zu sehr gegangen der Gesang,
Gut machen will ich den Fehl,
Wenn ich noch andere singe.
Nie treff ich, wie ich wünsche,
Das Maß. Ein Gott weiß aber,
Wenn kommet, was ich wünsche, das Beste.
Denn wie der Meister
Gewandelt auf Erden,
Ein gefangener Aar,

Und viele, die
Ihn sahen, fürchteten sich,
Dieweil sein Äußerstes tat
Der Vater und sein Bestes unter
Den Menschen wirkete wirklich,
Und sehr betrübt war auch
Der Sohn so lange, bis er
Gen Himmel fuhr in den Lüften,
Dem gleich ist gefangen die Seele der Helden.
Die Dichter müssen auch
Die geistigen weltlich sein.

Aus: Hölderlin Werke und Briefe, Band 1, hrsg. von Friedrich Beißner und Jochen Schmidt. Frankfurt a. M. 1969.

Hinweise zur Auslegung des Gedichtes

1. Hölderlin ist „wie in himmlische Gefangenschaft verkauft" an das Bild des antiken Griechenland, so wie er es sieht. Könnte es sein, daß die Worte „mich fesselt" und „in Gefangenschaft" unbewußte Hinweise sind für die Ahnung, daß er doch auch davon freikommen müsse auf sein „Vaterland" hin, welches so weit hinter dem Bild Griechenlands zurücktritt?

2. Es ist, als stünde er auf der Höhe des Parnaß und überschaue das sonnenüberglänzte Land der Antike: Vision des vom Göttlichen überschienenen Naturkosmos.

3. Wie wenn die Stimme nun stiller würde und die innere Bewegung ihn sagen läßt: „Noch Einen such ich, den ich liebe ..." Die Frage und das Suchen nach dem „Einzigen" unter den Göttern.

4. Nun wird das Gedicht, überwältigt von innerer Bewegung, zum unmittelbaren Gebet zu Christus hin: „Warum bliebest du aus? Und jetzt ist voll von Trauern meine Seele." Die letzten drei Zeilen dieser vierten Strophe lassen die Unruhe erkennen: Wie können die Götter in Einklang gebracht werden mit dem „Einzigen"?

5. Wieder bricht die Erschütterung durch: „Denn zu sehr, o Christus! häng ich an dir." Welch ein Bekenntnis des Suchenden! Keiner von den Göttern wird mit Du angesprochen, nur dieser „Einzige"!

„Wiewohl Herakles Bruder": die Auslegung geht verschiedene Wege: Ist es der Dichter, der sich als Herakles' Bruder empfindet oder – und so möchten wir es deuten – wird Christus als Bruder des Herakles angesehen, so wie er dann unmittelbar darauf Bruder auch des „Eviers", das ist Dionysos, genannt wird? Der Evier-Dionysos wird als der große Kulturbringer bezeichnet (Zähmung der Wildheit, Weinbau).

6. Aber Christus ist unvergleichbar. Hier, wo das Mysterium der Trinität anklingt, wird das Gedicht ganz zum Fragment. Das Unsagbare läßt die Worte ins Stammeln geraten.

7. Noch einmal, wie eine Liebeserklärung, dieses Bekenntnis. Aber sofort wieder die Erfahrung des Unvermögens, diesen Einen in Einklang zu bringen mit der Welt der Götter, mit der Vision der Einheit von Christus und „theophanem Naturkosmos".

8. In der letzten Strophe, deren Aussage schon in den drei letzten Zeilen der vorhergehenden Strophe beginnt, erhebt sich das Gedicht ganz auf die Höhe des christlichen Glaubenszentrums: Passion und Auferstehung.

Umstritten ist die Deutung der abschließenden letzten Zeilen. Das Wort „geistigen" bedeutet in der Sprache Hölderlins „geistlichen".

Guardini schreibt: „Auch er (der Dichter) ist ‚geistig' und lebt im Unnennbaren des Heilig-Einen; dennoch muß er ‚weltlich' sein und in den irdischen Unterscheidungen und Grenzen ausharren ... Es handelt sich also nicht darum, daß der religiöse Dichter auch ‚weltlich' sein solle, sondern um das Schicksal, das der geistliche, seherische Dichter mit Christus teilt: nämlich das Joch des Weltlichen auf sich zu nehmen und in der Bewährung ausharren zu müssen, obwohl auch er – wie der gefangene Adler ins Freie – ins All zurückkehren möchte" (Romano Guardini, Hölderlin. München 1955, 530).

Ob nicht auch eine andere Deutung erlaubt ist? Könnte es sein, daß die beiden letzten Zeilen eine Zusammenfassung dessen sind, was Hölderlin als seine Berufung ansieht: das Geistliche und das Weltliche zusammenzubringen, die Einheit von Göttlichem und

Weltlichem zu besingen, den „theophanen Naturkosmos"? Auch – und in seinem Sinne gerade – die geistlichen Dichter dürfen nicht nur, wie er es im Pietismus wohl erlebt hatte, das Jenseits, den Himmel besingen, sondern sie müssen die Einheit von Gott und Welt, Gott und Natur, Gott und Kosmos besingen. Sie müssen geistlich und weltlich zugleich sein. Darin sah Hölderlin seine „priesterlich-prophetische" Berufung, an der er zerbrach. Sein „Vaterland" war weit entfernt von dem Griechenland seiner Vision.

Als Hölderlin am 10. Juni 1843 auf dem Tübinger Stadtfriedhof beerdigt wurde, zog ein starkes Gewitter auf. Ein Teilnehmer berichtet: „Der Regen und Sturm war aufs höchste angewachsen, als man den lorbeerbekränzten Sarg in die Tiefe senkte. Aber dann kam eine heitere Regenhelle, und die Gegend stand frisch und üppig, und bald darauf brach die volle Sonne aus den Wolken."

Auf seinem Grabstein stehen seine Worte:

Im heiligsten
der Stürme
   falle zusammen
  meine
  Kerkerwand.
Und herrlicher und freier
  walle
  mein Geist
  ins unbekannte Land –

Hölderlin hat zuletzt *seinen* Christus gesucht. Er wollte ihn sehen als den größten und schönsten der griechischen Götter. So hat er ihn nicht gefunden.

Hölderlin selbst war in seiner ersten Lebenshälfte eine

heile Gestalt („als schritte Apollo durch den Saal"). Dann zerbrach seine Gestalt. Ob er nicht im Zerbrechen dem Christus, den er suchte, *seinem* Christus ganz nahe gekommen ist? Dem Christus, an dem keine Gestalt und Schönheit war? Angeglichen der Nichtgestalt des Erlösers?

In dem großen Gedicht „Patmos" (1803 geschrieben) steht gegen Ende das Wort:

„Denn noch lebt Christus."

4

Du Kleingläubiger, warum hast du gezweifelt?

Mt 14,31 in 14,22–33

²² Gleich darauf forderte er die Jünger auf, ins Boot zu steigen und an das andere Ufer vorauszufahren. Inzwischen wollte er die Leute nach Hause schicken. ²³ Nachdem er sie weggeschickt hatte, stieg er auf einen Berg, um in der Einsamkeit zu beten. Spät am Abend war er immer noch allein auf dem Berg. ²⁴ Das Boot aber war schon viele Stadien vom Land entfernt und wurde von den Wellen hin und her geworfen; denn sie hatten Gegenwind. ²⁵ In der vierten Nachtwache kam Jesus zu ihnen; er ging auf dem See. ²⁶ Als ihn die Jünger über den See kommen sahen, erschraken sie, weil sie meinten, es sei ein Gespenst, und sie schrien vor Angst. ²⁷ Doch Jesus begann mit ihnen zu reden und sagte: Habt Vertrauen, ich bin es; fürchtet euch nicht! ²⁸ Darauf erwiderte ihm Petrus: Herr, wenn du es bist, so befiehl, daß ich auf dem Wasser zu dir komme. ²⁹ Jesus sagte: Komm! Da stieg Petrus aus dem Boot und ging über das Wasser auf Jesus zu. ³⁰ Als er aber sah, wie heftig der Wind war, bekam er Angst und begann unterzugehen. Er schrie: Herr, rette mich! ³¹ Jesus streckte sofort die Hand aus, ergriff ihn und sagte zu ihm: Du Kleingläubiger, warum hast du gezweifelt? ³² Und als sie ins Boot gestiegen waren, legte sich der Wind. ³³ Die Jünger im Boot aber fielen vor Jesus nieder und sagten: Wahrhaftig, du bist Gottes Sohn.

ZUR PERIKOPE

Dieses Ereignis wird bei drei Evangelisten überliefert: Matthäus, Markus und Johannes. Aber nur bei Matthäus findet sich die Petrusgeschichte in den Versen 28–31. In dieser hochbedeutsamen Jesus-Petrus-Begegnung steht die Frage Jesu, auf die sich unsere Aufmerksamkeit richtet. Um sie zu verstehen, müssen wir zuvor den Zusammenhang wahrnehmen.

„Er stieg auf einen Berg, um in der Einsamkeit zu beten. Spät am Abend war er immer noch allein auf dem Berg." Vorausgegangen war nach der wunderbaren Speisung der Vielen die hochgesteigerte Begeisterung der Menge, die ihn in eine falsche Messiasrolle drängen will. Sollte es sein, daß er jetzt in einem intensiven Gebet – in der Stille und Einsamkeit der Nacht auf dem Berge – in der Verbundenheit mit Gott dem Vater eintaucht in seine wahre Berufung und Sendung? Und daß dieses Gebet ihn in eine Art heiliger „Entrückung" versetzt, die ihn so frei, so durchlässig, so leicht, so „enthoben" macht, daß er über Wasser gehen kann? Gibt es nicht diese Erfahrung, daß im Menschen in äußersten Stunden der Wesensnähe und der Gottergriffenheit unerhörte Kräfte freigesetzt werden, die ihn über sich hinaustragen? So wie wir es einmal im ersten Buch der Könige vom Propheten Elija hören – ein Ereignis, das Guardini so beschreibt: Wie Elija „nach der unausdenklichen Anspannung der Opferprobe und des Gerichts über die Baalspriester, nach dem erschütternden Erlebnis der jahrelang verdrängten Dürre und vor der plötzlichen Wiederkunft des Regens, zu Achab, dem ungläubigen König sagt: ‚Laß deinen Wagen anschirren und fahre nach Jesreel, damit du noch vor dem Regen hinkommst, denn schon höre ich ihn rauschen.' Der Wagen des Königs braust dahin. In unendlichem Guß, unter den Flammen der Blitze und dem Krachen der Donner, stürzt der Regen herab. Da kommt der Geist über Elija, er gürtet sich und läuft vor dem Wagen her, den langen Weg nach Jesreel ... Über wen der Geist kommt, für den gelten andere Maße als für den Menschen im durchschnittlichen Zustand. Über Jesus ist nicht nur der Geist gekommen, sondern das Pneuma *war* sein Geist."

Dieses sein Pneuma trägt ihn, da seine Schritte das Land verlassen und das Wasser berühren. Mitten in der Nacht nähert er sich auf dem stürmischen See dem Boot der Jünger. Die schreien auf voll Angst: ein Gespenst!

Und da ist seine Stimme, die sie kennen: „Habt Vertrauen, ich bin es, fürchtet euch nicht!"

Was ist in dem Wort des Petrus: „Herr, wenn du es bist ..."? Ist er noch unsicher, ob dies eine Täuschung ist, eine Art Halluzination, aus dem eigenen Innern in der Notsituation hervorgebracht? Oder doch ein Gespenst, eines aus den Dämonen von Nacht und Meer, das ihn narrt und in die Tiefe reißen will? (Kennen wir das in unserem Glauben nicht, manchmal in dunkler Stunde, wenn die angstmachende Frage unser Herz zusammenpressen will: Und wenn Er es nicht ist?)

Aber ob nicht in der Petrusfrage, die ja sofort zur Bitte wird, ein anderes viel stärker ist: das buchstäblich alles übersteigende Verlangen seines Herzens, bei Jesus zu sein? – Diese gewinnende Spontaneität des Petrus! Er hatte an diesem Tage Jesus erlebt im Brotwunder, dann war Jesus von ihnen weggegangen in die Einsamkeit; dann waren sie alleingelassen in der stürmischen Nacht – waren seine Gedanken und seine Sehnsucht nicht unablässig bei Jesus geblieben? Und nun die unerhörte, völlig unerwartete „Epiphanie", Erscheinung Jesu! Da vergißt Petrus das „vernünftige" Denken; für einen Augenblick ist auch er über sich hinausgerissen wie in eine außer-ordentliche Angleichung an Jesus. „Kyrie", ruft er, „Herr!"

Jesus sagte: „Ich bin es!" Für uns Spätere klingt darin, und dann also auch in der Petrusfrage „Wenn du es bist", über das Augenblickshafte hinaus, etwas mit von der großen „Ich bin es"-Aussage des Herrn.

In diesem Augenblick steigt aus dem Wort des Petrus ein so starker Glaube auf, daß er in dem „Komm!" des Herrn seine letzte Möglichkeit erreichen kann. Der Glaube des Petrus ist für einen Augenblick „rein" – in völliger Absehung von sich selbst ganz auf den Herrn gerichtet. Und die Kraft des Herrn geht auf der Brücke des „Komm!" so auf Petrus über, daß dieser wie Jesus über Wasser gehen kann. Petrus erfährt in diesem Augenblick die

Wahrheit des Jesuswortes: „Ihr müßt Glauben an Gott haben. Amen, das sage ich euch: Wenn jemand zu diesem Berg sagt: Heb dich empor und stürze dich ins Meer! und wenn er in seinem Herzen nicht zweifelt, sondern glaubt, daß es geschieht, was er sagt, dann wird es geschehen!" (Mk 11,22f).

Aber die reine Glaubenskraft des Petrus währt nur einen Augenblick. „Als er sah, wie heftig der Wind war, bekam er Angst und begann unterzugehen. Er schrie: Herr, rette mich!"

In den Gesprächen mit Eckermann sagt Goethe (am 12. 2. 1831): „Es ist dies eine der schönsten Legenden, die ich vor allen lieb habe. Es ist darin die hohe Lehre ausgesprochen, daß der Mensch durch Glauben und frischen Mut im schwierigsten Unternehmen siegen werde; dagegen bei anwandelndem geringsten Zweifel sogleich verloren sei."

Kann das unsere Auslegung sein? Gewiß nicht! Es geht nicht um Glauben und frischen Mut in sich selbst, um Selbstvertrauen, sondern es geht allein um die ungebrochene Blickrichtung auf den Herrn und von dort her um die Kraft des Gehaltenseins auf dem Weg. Es geht um das gläubige Hören seines Wortes: „Komm!" und das vertrauende Gehen über die Brücke dieser vom Herrn zugesprochenen Ermöglichung.

Ein Rabbi sagt: Wenn ich wüßte, daß ich nur ein einziges Mal „Amen" gesagt hätte, wie es sich gebührt, so hätte ich keine Sorge mehr. Er meint gewiß nicht ein rituelles Amen. Das Amen, das er meint, hängt mit jenem Wort zusammen, welches von Abraham gesagt wird: „Er machte sich fest in Gott" (Gen 15,6).

Und da die Frage Jesu: „Du Kleingläubiger, warum hast du gezweifelt?" Das griechische Wort für Zweifeln bedeutet wörtlich ein Auseinandertreten in sich selbst, ein Gespaltensein, wie es auch im Deutschen angedeutet ist durch das Zwei-feln. Ein Herausfallen aus dem Einssein, dem Ganzsein, dem Reinsein. Aber hier ist es nicht (wie es im Goethewort gemeint ist) ein Zerfallen des Selbstvertrauens, sondern ein Gespaltensein im Blick auf Jesus, im Blick auf die Kraft Gottes. Können wir dieses Ganzsein, diese Ungebrochenheit des Vertrauens von uns aus gewinnen? „Geh einher vor meinem Antlitz! Sei ganz!" so spricht Gott zu Abraham. Nur unter dem Antlitz Gottes, im Angeschautsein von ihm, angerufen von seinem Schöpfer- und Gnadenwort: „Sei ganz!", ist es zu empfangen, ist diese leidvoll-schuldhafte conditio humana, menschliche Grundbefindlichkeit des Zweifelns zu überwinden. (Die erste Frage, die in der Bibel auf ihren ersten Seiten an den Menschen gerichtet ist, ist die Versucherfrage, die den ersten *Zweifel* hervorrufen will: „Hat Gott wirklich gesagt: Ihr dürft von keinem Baum des Gartens essen?") Muß es uns nicht betroffen machen, daß ganz am Ende des Matthäus-Evangeliums, nach der Erfahrung der Auferstehung, das Wort vom Glaubenszweifel steht: „Als sie Jesus sahen, fielen sie vor ihm nieder. Einige aber zweifelten" (Mt 28,17)?

Nur im unverwandten Blick auf ihn, im immer neuen Hören seines Wortes: „Komm!" ist der Schritt über den Abgrund möglich, der sich unter dem Zweifel auftut.

ZUR BESINNUNG AUF DIE JESUSFRAGE

1. Erfahre ich mein Christsein, mein Jüngersein so, wie es diese Erzählung darstellt: „unmöglicher" Weg über einen Abgrund, einzig gehalten von ihm und seinem Wort „Komm!"? Immer neues Wagnis meiner Existenz vor ihm? Glaube auf Hoffnung hin? – Oder ist mein Christsein mehr geprägt von der Erfahrung der Sicherheit, der Gewißheit?

Von einer kaum in Frage gestellten Selbstverständlichkeit des Glaubensweges? (Schüler einer Schulklasse beschrieben ihren Glauben in solchen Bildern: Glaube – das Seil an einer Bergwand; eine Kammer mit einem großen Schloß an der Tür; Krücken eines Gehbehinderten; ein Vogel, den man nicht fassen kann; ein Stück festen Bodens in einem Sumpf; das Sichhineintasten in eine dunkle Höhle; ein Sprung über einen Abgrund; eine Sandburg am Meer; die Tür zu einem großen Festsaal ...)

Was würde ich sagen von meinem Glauben?

2. Ich stelle mich mit meinem Glauben – auch angesichts der Zeitsituation – der Frage Jesu: „Warum hast du gezweifelt, du Kleingläubiger?" Was weckt diese Frage in mir?

3. Die Petrusbitte: „Herr, laß mich zu dir kommen!" und die Bitte um sein allein helfendes und not-wendiges Wort: „Komm!"

(Dieses „Komm!", das sich entfaltet im Zuspruch des Offenbarungswortes *und* in den Zeichen, die dem Glaubensweg immer wieder gegeben werden und die sich gerade in Zeiten der Not oft so verdichten, daß sie kaum noch verkannt werden können.)

ICH BEGEGNE DEM EVANGELIUM

Er zieht mich heraus aus dem Untergang.

Er zieht mich heraus aus dem Zweifel. Vor Ihm und von Ihm her ist das Ganzsein möglich!

EIN AUSBLICK

„*Nichts ist schwer, sind wir nur leicht.*" Dieses Wort – es steht bei Richard Dehmel – kann man ein Arkanum nennen, ein geheimes Schlüsselwort. In ihm sammelt sich eine tiefe Erfahrung. Chesterton hat diese Erfahrung einmal in diese Verse gebracht:

> „*Ein Vogel ist behende, weil er weich ist.*
> *Ein Stein ist hilflos, weil er hart ist.*
> *In vollkommener Kraft liegt eine Leichtigkeit, eine Schwerelosigkeit, die sich in der Luft zu halten vermag.*
> *Engel können fliegen, weil sie sich leicht nehmen.*

Das war immer das Empfinden des Christentums ...
Es ist leicht, schwer zu sein;
schwer, leicht zu sein.
Satan fiel zufolge seiner Schwere."

Als Petrus für einen Augenblick – im Blick auf den Herrn – ganz vertraute, war er so leicht, daß er über das Wasser gehen konnte!

Josef Pieper schreibt in seinen Lebenserinnerungen von seinem Verleger Jakob Hegner: „Würde man mich fragen, was mir an dem Menschen Jakob Hegner das wahrhaft Charakteristische und zugleich Bewundernswerte zu sein scheint, dann würde ich sagen: die gänzlich unverbitterte Leichtigkeit des Herzens! Sie aber muß wohl, denke ich, etwas zu tun gehabt haben mit einem unendlichen Vertrauen, mit einer universalen Bejahung."

Dieses „Nichts ist schwer, sind wir nur leicht" ist auch die verborgene Lehre einer chassidischen Geschichte: „In der Gemeinde Rabbi Levi Jizchaks war ein Vorbeter heiser geworden. Er fragte ihn: ‚Wie kommt es, daß Ihr heiser seid?' ‚Das ist', antwortete er, ‚weil ich vor dem Pult gebetet habe.' ‚Ganz recht', sagte der Rabbi, ‚wenn man vor dem Pult betet, wird man heiser; aber wenn man vor dem lebendigen Gott betet, wird man nicht heiser.'"

So ist wohl deutlich geworden, was mit diesem „leicht" gemeint ist: nicht leichtfertig, sondern gelöst, gelassen, durchlässig, vertrauend! Ein Gehaltensein von innen her, aus einer Mitte, die wir nicht gemacht haben, sondern die als Geschenk in uns gelegt ist, die wir nur zulassen können.

„Nichts ist schwer, sind wir nur leicht." Johannes XXIII. schreibt es so: „Alles wird leicht, wenn wir uns ganz von uns selber trennen": wenn wir uns ganz lassen, loslassen von allem Sichfesthalten, Absichern, in den hinein, der uns ganz trägt und bejaht. Wenn wir unseren Schwerpunkt in ihm haben.

Im Tagebuch von Max Frisch (1946–1949) lese ich: Marion und der Engel, der eines Abends neben ihm steht und ihn fragt, was eigentlich er möchte, und Marion, der sich an den Nacken greift: „Was ich möchte?"

„Wenn ich am abendlichen Ufer sitze, einmal möchte ich wandeln können über das Wasser, über die Tiefe voll perlmutterner Wolken, oder ich möchte, wenn ich auf dem Hügel stehe und meine Pfeife rauche, die Hände in den Hosentaschen, ich möchte die Arme von mir strekken, so wie man im Traume es kann, und niedergleiten über die Hänge, über die abendlichen Wipfel der Tannen, über Gehöfte und Dächer, über Kamine, über die Felder mit den Obstbäumen darin, mit Pflügen und dampfenden Rossen darin, über die Drähte voll tödlichen Stromes, über den Kirchhof hinweg, den geschlossenen – nicht einmal fliegen wie ein Vogel, der aufwärtssteigt und sich erhebt, oh, ich bin es zufrieden, wenn du mich gleiten ließest, Engel, nur eine Weile lang: zurück in die Gefangenschaft unsrer Schwere! ... Das alles aber, Engel, es soll nicht ein Traum sein. Ganz wirklich soll es sein, das Unglaubliche. Und niemals braucht es wiederzukehren. Und niemand, den ich im Ehrgeiz bedenke, niemand muß es erfahren und glauben. Es sei mir genug, wenn ich allein es weiß: Einmal bin ich über das Wasser gegangen, ganz wirklich. Und niemals brauchte es wiederzukehren!"

5

Warum habt ihr solche Angst? Habt ihr noch keinen Glauben?

Mk 4,40 in 4,35–41

³⁵ Am Abend dieses Tages sagte er zu ihnen: Wir wollen ans andere Ufer hinüberfahren. ³⁶ Sie schickten die Leute fort und fuhren mit ihm in dem Boot, in dem er saß, weg; einige andere Boote begleiteten ihn. ³⁷ Plötzlich erhob sich ein heftiger Wirbelsturm, und die Wellen schlugen in das Boot, so daß es sich mit Wasser zu füllen begann. ³⁸ Er aber lag hinten im Boot auf einem Kissen und schlief. Sie weckten ihn und riefen: Meister, kümmert es dich nicht, daß wir zugrunde gehen? ³⁹ Da stand er auf, drohte dem Wind und sagte zu dem See: Schweig, sei still! Und der Wind legte sich, und es trat völlige Stille ein. ⁴⁰ Er sagte zu ihnen: Warum habt ihr solche Angst? Habt ihr noch keinen Glauben? ⁴¹ Da ergriff sie große Furcht, und sie sagten zueinander: Was ist das für ein Mensch, daß ihm sogar der Wind und der See gehorchen!

ZUR PERIKOPE

Es ist eine Geschichte, in der diese vorwurfsvolle Frage Jesu gegen eine erregte Frage der Jünger steht. Es geht um uns! Es geht um die Lebensfrage, die Überlebensfrage der Jünger: Was besiegt unsere Angst? Wer ist stärker: die Widermacht, die uns zugrunde richten will, oder der, von dem es hier heißt: „Da stand er auf!"?

„Am Abend dieses Tages", so beginnt es. Es war der Tag, an dem er die große Seepredigt gehalten hatte, die in diesem vierten Kapitel aufgezeichnet ist (das Gleichnis vom Sämann; das Gleichnis vom Wachsen der Saat; das Gleichnis vom Senfkorn). Vom Boot aus hatte er zu den Menschen am Ufer gesprochen, jetzt fahren die Jünger auf Jesu Geheiß mit diesem Boot zum anderen Ufer. (Auf Jesu Geheiß: Geht es auf eine wichtige Jüngerunterweisung hin? Jesus wird hier zum erstenmal als Lehrer angeredet!) Die Dunkelheit bricht herein, mit ihr kommt ein heftiger Wirbelsturm auf, der See schäumt. Im Griechischen erkennt man, wie in der Erzählung die Tempora immerfort wechseln: Präsens, Imperfekt, Aorist. Jeder Satz wird mit „und" eingeleitet, zwölfmal: das Vorantreibende der dramatischen Erzählung. Eindrucksvoll der Gegensatz: der Sturm, der das Boot mit Wogen überschüttet, die Todesangst der Jünger – und Jesus schlafend im Heck des Bootes auf einem Kissen! Bild großer Gelassenheit. Die Jünger hingegen in größter Erregung. Ihre Frage: „Kümmert es dich nicht ...?":

Warum wecken sie ihn? Ärgert es sie aufs äußerste, daß er jetzt schlafen kann? Erwarten sie Hilfe von ihm in ihrer panischen Angst?

„Da stand er auf." Man kann es verstehen, daß frühe Ausleger dieser Geschichte an Ostern gedacht haben. Wie wenn Dämonen gebannt werden sollten – sind nicht nach antiker Vorstellung Dämonen in den Lüften und im Meer? Ist nicht das Meer der Ort verschlingender Chaosmächte? –, herrscht er den brüllenden Sturm an, ganz kurz: „Schweig! Sei still!" Hoheit des Herrn!

Psalmworte klingen an:

*Die in ihrer Bedrängnis schrien zum Herrn,
die er ihren Ängsten entriß –
er machte aus dem Sturm ein Säuseln,
so daß die Wogen des Meeres schwiegen. (Ps 107, 28).*

Dann aber der Vorwurf an die Jünger. Der Vorwurf an uns! „Warum habt ihr solche Angst? Habt ihr noch keinen Glauben?"

Joachim Gnilka schreibt: „Worin besteht das Versagen der Jünger? Wenn man ihnen nur mangelndes Vertrauen vorgehalten sieht, käme die Schärfe der Anklage nicht genügend heraus. Haben sie nicht richtig gehandelt, als sie sich in der Not an den Meister wandten? Ihre falsche Haltung bestand darin, daß sie nur an sich dachten und nicht bereit waren, untereinander und mit Jesus die Gefahr zu teilen. Die Situation wird sich in ihrer Flucht vor dem Kreuz wiederholen ... Die von Markus gezeichneten versagenden Jünger werden für die Gemeinde zum warnenden Beispiel, nicht in den gleichen Unglauben zu verfallen ... Der Unglaube beginnt dort, wo der Christ nicht bereit ist aus Feigheit und Angst, mit Jesus und anderen Menschen Gefahren auf sich zu nehmen und zu teilen ... Der Glaubende folgt Jesus in die Dunkelheit des Leids. Er darf dann auch in der Gemeinschaft der Kirche ein Hoffender sein" (Das Evangelium nach Markus, Band 1, S. 196, 198).

Und Rudolf Pesch: „Unglaube ist für Markus ... mangelndes Verständnis für die *verborgene* Geschichte der Gottesherrschaft, in der Situation der Jünger besonders auch: für den Weg Jesu ans Kreuz, der zugleich zur Norm des Weges der Jünger werden soll. Unter diesem Aspekt werden Messiasgeheimnis und Jüngerunverständnis verknüpft. Der Glaube an den Auferstandenen erschließt das Geheimnis seines Leidens, deshalb kann im Glauben die Bedrohung der Gegenwart bestanden werden" (Das Markusevangelium, 1. Teil, S. 276).

„Da ergriff sie große Furcht, und sie sagten zueinander: Was ist das für ein Mensch?" Sie haben göttliche Nähe, göttliche Epiphanie erfahren. Die Fremdheit in der Hoheit Jesu fällt über sie.

Es liegt nahe, in dem Boot ein Bild der Kirche, der Gemeinde zu sehen. Aber zugleich legt sich uns auch die betroffene Frage der Jünger nahe: Wer ist dieser? „Hier ist mehr als Jona!" (Mt 12, 41). (Jona, der im Bauch des Schiffes schläft, muß als Opfer ins Meer geworfen werden, um die Chaosmächte zu beruhigen. Hier aber: „Da stand Jesus auf!")

Wir könnten als Überschrift auch das Ur-Bekenntnis der Christenheit schreiben: „Herr ist Jesus!" Jesus ist der Kyrios!

ZUR BESINNUNG AUF DIE JESUSFRAGE

1. Habe ich Angst? (Jeder von uns darf Angst haben.) – Was ist meine Angst? Wie gehe ich damit um? – Wie verhalte ich mich in angstmachenden Ausweglosigkeiten?

2. Kenne ich die Feigheit und Angst, mit Jesus und anderen Menschen im Glauben Gefahren auf mich zu nehmen und zu teilen? – Folge ich im Glauben Jesus in die Dunkelheit des Leids? (Ich denke daran, wie oft ich schon seine rettende und befreiende Nähe und Gegenwart erfahren habe und doch immer wieder in Kleingläubigkeit verfalle.)

3. Glaube ich an die *verborgene* Gegenwart der österlichen Kraft Christi in der Geschichte der Kirche, in meiner Geschichte, auch da, wo sie ganz verhüllt ist unter Leid, Bedrängnis, Unglück? – Glaube ich daran, daß uns *zuletzt* nichts geschehen kann, wenn er bei uns ist? – Glaube ich daran, daß er auch dann noch bei mir bleibt, wenn ich feige und angstgejagt bin? – Vertraue ich in der Geschichte der Kirche seinem Wort: „In der Welt seid ihr in Bedrängnis; aber habt Mut: Ich habe die Welt besiegt!" (Joh 16,33)?

4. In einer Tagebuchnotiz schreibt (1835) der 22jährige Student Sören Kierkegaard, daß ihm eines fehle, wonach er suche: sein Leben zu gründen „auf etwas, das man objektiv nennt, etwas, das doch in jedem Falle nicht mein Eigenes ist, sondern auf etwas, das mit der tiefsten Wurzel meiner Existenz zusammenhängt, wodurch ich sozusagen in das Göttliche eingewachsen bin, fest darin hange, *wenn auch die ganze Welt einstürzt.* Siehe, das eben fehlt mir, und dahin strebe ich ..."

Ich bitte um dieses Eingewurzeltsein in Christus und um die unbesiegbare Kraft des Vertrauens, die daraus erwächst. Charles de Foucauld schreibt einmal: „Glauben – und wären wir überhaupt die einzigen!"

ICH BEGEGNE DEM EVANGELIUM

In der Frage Jesu liegt dieses Evangelium, das er uns zuspricht: Ich bin es, der eure Angst in ihrer Tiefe zur Ruhe bringt:

Ich bin bei euch!

Er, ganz hineingegangen in unsere Menschlichkeit, ein schlafbedürftiger Mensch, eingebunden in unsere Bedrängnis: Er ist der Auferstandene! „Da stand er auf!"

EIN AUSBLICK

In den Zeugnissen der Widerstandskämpfer („Du hast mich heimgesucht bei Nacht", Siebenstern-Taschenbuch) erkennen wir, daß Christen diese Erfahrung machen können: Der Herr ist bei ihnen mitten im Todessturm.

Alfred Delp SJ (am 2. Februar 1945 durch den Strang hingerichtet): „In einer Nacht bin ich beinah verzweifelt. Ich wurde, wüst verprügelt, in das Gefängnis zurückgebracht, abends spät. Die begleitenden SS-Männer lieferten mich ab mit den Worten: ‚So, schlafen können Sie heute nacht nicht. Sie werden beten, und es wird kein Herrgott kommen und kein Engel, Sie herauszuholen. Wir aber werden gut schlafen und morgen früh Sie mit frischen Kräften weiter verhauen'... Gott hat mich gestellt. Nun heißt es, dem gewachsen zu sein, so oder so. Ich glaube immer noch fest und zuversichtlich an die Hand, die uns nehmen und geleiten wird... Einen schönen Raum der inneren Freiheit hat mich Gott gewinnen lassen. Gottes Wirklichkeit geht mir allmählich in großer Nähe und Dichtigkeit auf..."

„Mir ist manchmal schon etwas schwer. Georg (Deckname P. Delps) war in manchen Stunden nur mehr ein blutiges Wimmern. Aber Georg hat immer wieder versucht, dieses Wimmern einzuordnen in die beiden einzigen Wirklichkeiten, um derentwillen es sich lohnt, dazusein: Anbetung und Liebe! Alles andere ist falsch."

„Das eine ist mir so klar und spürbar wie selten:

Die Welt Gottes ist so voll. Aus allen Poren der Dinge quillt uns dies gleichsam entgegen. Wir aber sind oft blind ..."

„Heute ist ein böser Tag ... Gott hat mich gründlich gestellt, ob ich meine alten Worte einlöse: mit ihm allein läßt sich leben und das Schicksal durchstehen ..."

„Es kamen auch wieder die Stunden, in denen Petrus den Wind ernst nahm und die Wellen und anfing zu zagen ... Jetzt ist alles in Gottes Hand ...

Er hat so viele Möglichkeiten, uns aufzurichten und ein Stück weiterzuführen. Wie oft habe ich das schon erfahren in diesen langen und bangen Wochen! Ich bin guter Zuversicht ... Gott gegen die Macht; Gott, gerufen von der Treue und der Liebe und der Zuversicht.

Ich möchte Euch einige Lichter anzünden, ihr Freunde. Ihr seid so weit mitgegangen in meine Nacht und habt Eure eigene auch noch zu bestehen. Wir tragen alles gemeinsam ... Mitten in der Nacht wird das Licht erscheinen!"

6

Was meinst du:
Wer von diesen dreien hat sich
als der Nächste dessen erwiesen,
der von den Räubern
überfallen wurde?

Lk 10, 36 in 10, 25–37

²⁵ Da stand ein Gesetzeslehrer auf, und um Jesus auf die Probe zu stellen, fragte er ihn: Meister, was muß ich tun, um das ewige Leben zu gewinnen? ²⁶ Jesus sagte zu ihm: Was steht im Gesetz? Was liest du dort? ²⁷ Er antwortete: Du sollst den Herrn, deinen Gott, lieben mit ganzem Herzen und ganzer Seele, mit all deiner Kraft und all deinen Gedanken, und: Deinen Nächsten sollst du lieben wie dich selbst. ²⁸ Jesus sagte zu ihm: Du hast richtig geantwortet. Handle danach, und du wirst leben. ²⁹ Der Gesetzeslehrer wollte seine Frage rechtfertigen und sagte zu Jesus: Und wer ist mein Nächster?

³⁰ Darauf antwortete ihm Jesus: Ein Mann ging von Jerusalem nach Jericho hinab und wurde von Räubern überfallen. Sie plünderten ihn aus und schlugen ihn nieder; dann gingen sie weg und ließen ihn halbtot liegen. ³¹ Zufällig kam ein Priester denselben Weg herab; er sah ihn und ging weiter. ³² Auch ein Levit kam zu der Stelle; er sah ihn und ging weiter. ³³ Dann kam ein Mann aus Samarien, der auf der Reise war. Als er ihn sah, hatte er Mitleid, ³⁴ ging zu ihm hin, goß Öl und Wein auf seine Wunden und verband sie. Dann hob er ihn auf sein Reittier, brachte ihn zu einer Herberge und sorgte für ihn. ³⁵ Am andern Morgen holte er zwei Denare hervor, gab sie dem Wirt und sagte: Sorge für ihn, und wenn du mehr für ihn brauchst, werde ich es dir bezahlen, wenn ich wiederkomme.

³⁶ Was meinst du: Wer von diesen dreien hat sich als der Nächste dessen erwiesen, der von den Räubern überfallen wurde? ³⁷ Der Gesetzeslehrer antwortete: Der, der barmherzig an ihm gehandelt hat. Da sagte Jesus zu ihm: Dann geh und handle genauso!

ZUR PERIKOPE

Ein Mensch stellt eine Frage an Jesus, Jesus stellt eine Frage an den Menschen. Die Frage, die der Mensch an Jesus hat, ist eine Frage auf Leben und Tod: „Was muß ich tun, um das ewige Leben zu gewinnen?" Es ist wohl die wichtigste und letzte Frage des Menschen. Jesus gibt eine eindeutige Antwort: Liebe! Aber er gibt sie sehr konkret. Und Jesus gibt seine Antwort in Gestalt einer Gegenfrage. Die Antwort auf diese Frage kann nur *getan* werden.

Später wird im Lukasevangelium die Frage des Menschen noch einmal in gleicher Weise gestellt werden, es ist die Frage des reichen Jünglings (Lk 18,18): „Meister, was muß ich tun, um das ewige Leben zu gewinnen?" Ist das auch meine Frage? Ist das die Frage des Menschen heute?

Zunächst weist Jesus in unserer Perikope den Fragenden an die Tora, da steht es doch: „Was steht im Gesetz? Was liest du dort? Er antwortete: Du sollst den Herrn, deinen Gott, lieben mit ganzem Herzen und mit ganzer Seele, mit all deiner Kraft (Dtn 6,5) und all deinen Gedanken, und: Deinen Nächsten sollst du lieben wie dich selbst (Lev 19,18). Jesus sagte zu ihm: Du hast richtig geantwortet. Handle danach, und du wirst leben."

Die Zusammenstellung der beiden Gebote – im AT treten sie getrennt auf – findet sich erst im Evangelium. Während zur Zeit Jesu viele Fromme darauf bedacht waren, die Vielfalt der Gebote und Verbote aus der Tora zu entfalten – 613 Gebote und Verbote hatte man in ihr entdeckt –, finden wir hier in diesem Dialog Jesu mit dem Gesetzeslehrer die Vereinfachung auf ein Hauptgebot hin, in dem alle Einzelgebote zusammengefaßt sind.

Die Erzählung Jesu sagt: Gottes- und Nächstenliebe gehören zusammen! Nächstenliebe wird zur Gottesliebe, Gottesliebe wird zur Nächstenliebe. Die innere Verbundenheit beider Gebote ist entscheidend. Die wahre Gottesliebe drängt zur Nächstenliebe, in der Nächstenliebe nährt und bewährt sich die Gottesliebe. Wer an die grenzenlose Liebe Gottes glaubt, wird in diese große Bewegung der Güte und des Erbarmens Gottes zu allen einschwingen müssen, wenn er mit Gott verbunden sein will. Gottes Liebe aber umfaßt alle Menschen, setzt keine Grenzen. Die Frage des Gesetzeslehrers: „Wer ist mein Nächster?" ist also vor der Grenzenlosigkeit der Liebe Gottes unzulässig, sofern sie gesetzlich den Kreis der noch zu Liebenden festlegen will. Sie darf nur in dem Sinne gestellt werden: Wann und wem gegenüber muß meine Nächstenliebe konkret werden? Und dann kann es sein, daß in der konkreten Situation auch mein Feind zum Nächsten wird! Der Augenblick zeigt mir, wer jetzt mein Nächster ist! Die allgemeine Menschenliebe – „Seid umschlungen Millionen" – wird zur Fernstenliebe, die den Nächsten vor meiner Tür übersehen kann. Die Nächstenliebe ist ein Gebot, das mir auf den Leib rückt.

Wir sagen: „Gebot der Nächstenliebe" – ist darin nicht ein Widersprüchliches? Kann man Liebe gebieten? Die Nächstenliebe als Nachahmung und Mitvollziehen der alles umfassenden Liebe Gottes kann eine nüchterne Entscheidung sein, die gefühlsmäßige Neigung weit hinter sich zurückläßt, so wie es z. B. in einem grenzenlosen Verzeihen spürbar werden kann.

„Wer ist mein Nächster?", so fragt der Gesetzeslehrer, und er möchte „gesetzlich" wissen, wie weit sich der Kreis der zu Liebenden erstreckt. Zwar weiß er schon aus Lev 19,34, daß außer den eigenen Landsleuten auch der Fremde, der im Land wohnt, zum Kreis des Nächsten gehört, aber – so fragt er – gibt es darüber hinaus etwa noch andere zu Liebende? Jesus sagt ihm: Je und je kann ein Mensch zu deinem Nächsten werden, vielleicht auch dein Feind, der bedürftig an deinem Weg liegt. Der Augenblick gibt dir Antwort auf deine Frage, nicht die Geographie!

Wie sehr die Nächstenliebe in Jesu Leben und Weisung die Legitimation der Gottesliebe ist, geht etwa aus seinem Wort in Mt 5,23–24 hervor: „Wenn du deine Opfergabe zum Altar bringst und dir dabei einfällt, daß dein Bruder etwas gegen dich hat, so laß deine Gabe dort vor dem Altar liegen; geh und versöhne dich zuerst mit deinem Bruder, dann komm und opfere deine Gabe." Nächstenliebe steht über dem Kult, steht über dem Sabbat. Jesus lebt es. In seiner Gerichtsrede spricht er nur von der Nächstenliebe, nicht vom Kult!

In der Frage, die der Gesetzeskundige stellt und in der Frage, die Jesus stellt, wird in auffallender

Weise das Subjekt vertauscht: Der Gesetzeskundige fragt: „Wer ist denn mein Nächster?" Am Ende der Beispielerzählung fragt Jesus: „Welcher von diesen dreien, denkt ihr, ist der Nächste dessen geworden, der unter die Räuber gefallen war?" Der Gesetzeskundige fragt: „Wen muß ich noch als Nächsten ansehen?" Jesus fragt: „Wer ist dem Menschen im Elend Nächster geworden?"

Wir sind vielleicht versucht, über diese Verschiebung der Fragestellung hinwegzuhören. Aber sie bedeutet zugleich eine Verwandlung der Blickrichtung. In der Frage des Gesetzeskundigen ist der Fragende, ist das Ich der Ausgangspunkt, von dem aus das Nächstenverhältnis bestimmt wird: Wer war ihm der Nächste? Wer ist an dem Geschlagenen zum Nächsten geworden?

So wie der Gesetzeskundige fragt, so sind wir alle geneigt zu fragen: Wer ist mein Nächster? Ich möchte ein System haben, mit dem ich mich in der schwierigen Frage der Nächstenliebe zurechtfinden kann. Ich möchte genau wissen, wie weit meine Verpflichtung reicht. Gib mir, so sagt der Gesetzeskundige, eine klare gesetzliche, rechtliche Umgrenzung des Gebotes der Nächstenliebe und ich weiß, was ich zu tun habe.

Jesus antwortet in der Beispielerzählung mit einem konkreten Fall, und dann sagt er: Du kannst die Frage: Wie weit reicht meine Verpflichtung zur Nächstenliebe? Wer gehört noch zum Kreis derer, denen ich helfen muß?, nicht im vorhinein theoretisch lösen. Jesus sagt: Ich kann dir eine Regel geben, sie heißt: Wie ihr wollt, daß euch die Leute tun, so sollt auch ihr ihnen tun. Wenn dein Weg hier und jetzt auf einen Notleidenden stößt, wenn ein Mensch in Not hier und jetzt in dein Blickfeld kommt, dann denke von diesem Notleidenden aus, identifiziere dich mit ihm; denken wenn ich *der* wäre, was würde ich jetzt an Hilfe erwarten, erwarten dürfen? Der Mensch in Not, den du jetzt siehst, dessen Notruf jetzt an dein Ohr dringt – versetze dich in seine Lage und dann versuche zu helfen, so wie du selber Hilfe erwarten würdest, wenn du an seiner Stelle wärest. So wirst du ihm zum Nächsten. So erfüllst du das Gebot aller Gebote: Liebe deinen Nächsten wie dich selbst.

Der Priester und der Levit, die vorübergehen, kennen aus dem Gesetz des Mose sehr gut das Gebot der Nächstenliebe, so gut wie dieser Gesetzeskundige, den Jesus fragt: „Was steht im Gesetz geschrieben, was liest du da?" Sie haben es oft gelesen in den heiligen Büchern des Mose. Sie werden ihre Gründe haben, warum sie jetzt vorübergehen, ohne dem Menschen zu helfen, der zerschlagen, in seinen Wunden blutend, verdurstend in der Glut der Steinwüste liegt, den Tod vor Augen. Vielleicht denken sie, wenn ich dem helfe und er stirbt mir unter der Hand, dann kann ich den Gottesdienst nicht mehr vollziehen. War es doch im Gesetz in strengen Worten gesagt, daß der Priester oder Levit, der mit einem Toten in Berührung kam, unrein wurde und es erst umständlicher ritueller Reinigung bedurfte, ehe er wieder zu Kult und Liturgie zugelassen werden durfte. Und Kult und Liturgie sind doch Gottesdienst! Muß ich den Gottesdienst nicht diesem gefährlichen und nahezu aussichtslosen Unternehmen der Nächstenliebe vorziehen? Oder: Es hat doch keinen Sinn mehr, der stirbt ja doch bald. Soll ich mich auch noch in Gefahr bringen? Die Räuber werden doch in der Nähe sein! Wem ist damit geholfen? Die Vertrautheit mit Gottesdienst und Heiliger Schrift, mit Ethik und Moral schützt nicht davor, daß der Mensch in dem Augenblick, da er hier und jetzt mit einer Not konfrontiert wird, gebannt bleibt in dem Kreis seines ichhaften oder nur vernünftigen Denkens und er den Überschritt in das Du des Notleidenden nicht vollziehen will.

Liebe deinen Nächsten wie dich selbst. Alle Wachheit, Ehrlichkeit, Selbstvergessenheit können gefordert sein für diesen Überschritt. Der Gesetzeskundige will mit Jesus eine theologische Disputation über die Nächstenliebe halten. Aber Jesus sagt vor dem Beginn der Beispielerzählung: Das tue, und du wirst leben. Und am Ende der Erzählung sagt er: Geh, und tu du desgleichen! Bleib nicht in richtigen und klugen Gedanken stecken, sondern tu das, was das Herz im Heute Gottes erkennt. Und du wirst leben! Solange du in deinen Überlegungen steckenbleibst, bleibst du in der Distanz zum wahren Leben.

Wir sind gewohnt über diesen Abschnitt des Evangeliums die Überschrift zu setzen vom barmherzigen Samariter. Barmherzigkeit aber ist die immer wieder beseligende Tat *Gottes* am Menschen. Wer barmherzig ist in der Tat helfender Liebe, weil er weiß, wie sehr er selber der Barmherzigkeit Gottes bedarf, der tut etwas gemeinsam mit Gott. Er ist im barmherzigen Tun mit Gottes Barmherzigkeit verbunden. So ist er verbunden mit dem wahren Leben selbst. Tu das, und du wirst leben. Tu es! Nicht in der großartigen Geste des Helfens, in der du auch im Verborgenen noch dich vor dir selbst erhöhst, sondern tu es in der demütig dankbaren Erkenntnis, wie sehr du selbst allezeit der barmherzigen Tat Gottes bedarfst. Wohl nur in solchem Ergriffensein von der Barmherzigkeit Gottes kannst du die Gnade erhalten, in reiner Gesinnung die Tat der Bruderliebe tun zu können.

Charles de Foucauld sagt: „Man versteht das Evangelium nicht, wenn man es nur liest. Man versteht es nur, wenn man es tut." Wie liest du da, so fragt Jesus den Gesetzeskundigen am Anfang. Aber über dieses Lesen führt er ihn dann hinaus zu dem: Das tue, und du wirst leben. Und an einer anderen Stelle findet dies seine Ergänzung in dem Wort des Richter-Christus: „Was ihr dem geringsten meiner Brüder getan habt, das habt ihr mir getan." So sehr werden in der selbstvergessenen Tat der Bruderliebe unsere Augen erhellt sein von seiner Nähe, daß wir *ihn* in der Stunde des Gerichtes beseligt erkennen werden, sind wir ihm doch schon zuvor immer geheimnisvoll begegnet im Bruder, der im Elend war. Er selber ist in das äußerste Elend der Passion gegangen. Geschlagene und gequälte, erbarmungswürdige Kreatur, bettelnd um einen Trunk Wasser. Seit dieser Stunde von Golgota hört er auch als der Erhöhte nicht auf, geheimnisvoll auf der Seite derer zu sein, die im Elend sind. Dort werden wir seine Nähe immer am sichersten finden.

Aber auch ein anderes gilt. Die Väter haben immer wieder in dem barmherzigen Samariter Christus selbst gesehen. In einem alten syrischen Kodex aus dem 6. Jahrhundert findet sich dieses Bild: ein Mensch, nackt und zerschlagen zu Boden hingestreckt, unfähig, sich zu erheben. Über ihm, in einem tiefen Sichneigen der barmherzige Samariter. Und der ist Christus. Von Barmherzigkeit bewegt, streckt er seine Hände in ergreifender Gebärde dem zu Boden Gefällten entgegen. Gleich einer riesigen Sonne steht das vom Gold der Herrlichkeit umstrahlte Antlitz des Herrn über dem Elend. Es ist das Bild dessen, was im Christusereignis an uns geschehen ist und immerfort geschieht. Gottes Erbarmen neigt sich in Christus über den geschlagenen Menschen, über dich und mich. Christus ist uns zum Nächsten geworden.

ZUR BESINNUNG AUF DIE JESUSFRAGE

1. In den Exerzitien des hl. Ignatius ist in der vierten Woche die große „Beschauung der Liebe". Da heißt es: „Schauen, wie von oben herabsteigen Güte, Freundlichkeit, Barmherzigkeit: so wie von der Sonne die Strahlen herabsteigen" (Nr. 237). Das

Anschauen! Die Liebe und Barmherzigkeit des Vaters über alle Menschen hin.

2. Wo und wann hat sich in besonders deutlicher Weise die Frage Jesu in meinem Leben aktualisiert? – Bin ich vorübergegangen? – Habe ich mich zugewandt?

3. Ich denke an mein gegenwärtiges Lebensfeld: Habe ich einen Blick für den Bedürftigen? – Wer wartet auf meine Zuwendung?

4. Habe ich eine ausgeprägte Neigung, den Blick einzuengen auf die Sympathischen, Starken, „Wertvollen"?

5. Ich stelle die beiden Worte in Beziehung: „Wer Gott liebt, der ist von ihm erkannt" (1 Kor 8, 3) und „Barmherzigkeit triumphiert über das Gericht" (Jak 2, 13).

ICH BEGEGNE DEM EVANGELIUM

Wir können das Evangelium, das Frohmachende in der Weisung Jesu, das in seiner Frage beschlossen liegt, immer wieder selbst erfahren: Wenn wir einmal eine selbstlose Tat der Liebe getan haben, sind wir im Frieden mit uns, erfahren wir uns im Einssein mit Gott!

Christus selbst erweist sich mir als Nächster.

Christus wird mir zum barmherzigen Samaritan.

Die Frage Jesu sagt mir: Christsein ist nicht kompliziert; Christsein ist im Grunde einfach: Liebe – denn du bist unendlich geliebt!

EIN AUSBLICK

Papst Johannes Paul II. bezeichnete in einer Ansprache vor den Diplomaten aus 105 Ländern die Kirche als „barmherzigen Samariter". In den bedrängenden Weltproblemen der Gegenwart – den Kriegen, dem Hunger und dem Unrecht – fühlt sich nach den Worten des Papstes die Kirche verpflichtet, der „barmherzige Samariter" für diejenigen zu sein, die am Weg der Geschichte liegengeblieben sind: „Ja, die Kirche will sich vor allem zur Stimme der Stimmlosen, der Armen und der Opfer aller machen und die Aufmerksamkeit auf die vergessenen und verhöhnten Grundrechte des Menschen, auf die Probleme der Minderheiten und auf die Bedrohungen lenken, die auf den Völkern lasten. Und oft genug verteidigt sie mit nackten Händen die objektiven und unveräußerlichen Rechte des Menschen." Der Papst zeichnete die gegenwärtige Weltlage. Dann bat der Papst um Milde und Begnadigung für die vor allem aus politischen Gründen zum Tod Verurteilten und forderte, daß endlich Schluß gemacht werde mit der menschenunwürdigen Folter, dem Verschwindenlassen von Personen ohne gerichtliches Urteil, den willkürlichen Verhaftungen und Internierungen sowie den Hinrichtungen im Schnellverfahren.

7

Worüber habt ihr unterwegs gesprochen?

Mk 9,33 in 9,33–35

³³*Und sie kamen nach Kafarnaum. Und als er im Haus war, fragte er sie: Worüber habt ihr unterwegs gesprochen?* ³⁴*Sie aber schwiegen. Denn sie stritten unterwegs miteinander, wer der Größte sei.* ³⁵*Und er setzte sich, rief die Zwölf und sagte zu ihnen: Wenn einer Erster sein will, sei er Letzter von allen und der Diener von allen!*

ZUR PERIKOPE

Im nächsten Kapitel des Markusevangeliums finden diese Worte eine starke Ergänzung: „Da rief Jesus sie zu sich und sagte: Ihr wißt, daß die, die als Herrscher gelten, ihre Völker unterdrücken und die Mächtigen ihre Macht über die Menschen mißbrauchen. Bei euch aber soll es nicht so sein, sondern wer bei euch groß sein will, der soll euer Diener sein, und wer bei euch der Erste sein will, soll der Sklave aller sein. Denn auch der Menschensohn ist nicht gekommen, um sich dienen zu lassen, sondern um zu dienen und sein Leben hinzugeben als Lösegeld für viele" (Mk 10, 42–45).

Zweimal steht in unserer Perikope das Wort „unterwegs". Der Vers 30 sagt: „Sie gingen von dort weg und zogen durch Galiläa." Die Jünger sind also mit Jesus auf der Wanderung durch Galiläa. Da geschieht es, daß Jesus ihnen eine fundamental wichtige Jüngerregel sagt. Die Weise, wie Jesus fragt, scheint vorauszusetzen, daß er von dem wahrscheinlich erregt geführten Disput der Jünger etwas vernommen hatte. Schon früher, im 2. Kapitel bei Markus, heißt es einmal: „Jesus erkannte, was sie dachten, und sagte zu ihnen: Was für Gedanken habt ihr im Herzen?" (Mk 2, 8). Und bei Johannes heißt es einmal: „Er brauchte von keinem ein Zeugnis über den Menschen; denn er wußte, was im Menschen ist" (Joh 2, 25).

Die Jünger schweigen in Betroffenheit. Man muß bedenken, daß es unmittelbar vorher, in Mk

9,31–32 heißt: „Er wollte seine Jünger über etwas belehren. Er sagte zu ihnen: Der Menschensohn wird den Menschen ausgeliefert, und sie werden ihn töten; doch drei Tage nach seinem Tod wird er auferstehen. Aber sie verstanden den Sinn seiner Worte nicht, scheuten sich jedoch, ihn zu fragen." Sie haben ihn nicht verstanden, ihr Rangstreit hat das überdeutlich gemacht. Auf dem Weg nach Jerusalem, der der Weg seines Leidens wird, streiten sie sich um die Rangordnung ihrer Größe! Der Rangstreit, die Frage nach der Rangordnung spielte damals im religiösen Denken des Judentums eine große Rolle. Adolf Schlatter schreibt: „Bei jeder Gelegenheit, in der gottesdienstlichen Versammlung, bei der Rechtsverwaltung, beim gemeinsamen Mahl, in jedem Verkehr entstand fortwährend die Frage, wer der Größere sei, und die Ausmessung der jedem gebührenden Ehre wird zu einem ständig betriebenen und als hochwichtig empfundenen Geschäft." Etwas davon wird in Mk 12,39 erkennbar, wo es von den Schriftgelehrten heißt: „Sie wollen in der Synagoge die vordersten Sitze und bei jedem Festmahl die Ehrenplätze haben."

Man kann annehmen, daß der Rangstreit der Jünger sich auf das erwartete Gottesreich bezog, also auf ihre Rangordnung im nahe bevorstehenden neuen Gottesreich. Im nächsten Kapitel bitten die Zebedäussöhne: „Laß in deinem Reich einen von uns rechts und den anderen links neben dir sitzen!" (Mk 10,37). Solche Fragen lagen damals bei den Frommen in der Luft. In einer der Schriftrollen von Qumran, der „Ordnung der Gemeinde", geht es um die Sitzordnung beim Mahl im Gottesreich.

Der Bericht sagt: „Da setzte er sich und rief die Zwölf." Das ist so betont, daß daraus die Wichtigkeit des Lehr-Wortes Jesu deutlich wird. Denn der Lehrer sitzt bei der Unterweisung seiner Jünger, zumal dann, wenn es um ausdrückliche Lehre geht. Wir werden also hier wohl zuhören müssen, wenn wir Jesu Jünger sein wollen! Die „Zwölf", das sind die Ur-Amtsträger der Gemeinde – gab es in der Gemeinde nach Ostern schon solche Rangfragen? Wird hier ein Ereignis der vorösterlichen Zeit als hochwichtig erkannt für die spätere Gemeinde, für die Stellung der Amtsträger in der Gemeinde? Rudolf Pesch schreibt: „Die Szene scheint der Selbstverständigung der Jerusalemer Urgemeinde und der Zwölfe an ihrer Spitze im besonderen gedient zu haben."

Das Wort Jesu ist, wie so oft, eine totale Umkehrung des üblichen menschlichen Denkens. Erste sollen Letzte sein; Letzte werden zu Ersten. Aber es ist nicht ein Weisheitsspruch, wie ihn ein weiser Lehrer der Antike hätte sagen können, sondern Jesus selbst lebt dieses Wort bis zum äußersten, bis zum Todesdienst in Sklavengestalt, wirklich als Letzter! Als Letzter *von allen* (so radikal fordert es ja sein Wort!) und für alle. Nicht ein Weisheitsspruch wird zum Maßstab für die Jünger, sondern Jesus selbst mit seinem Leben und seiner Lebenshingabe. „Der Weg zur Größe ist der selbstvergessene Dienst. Diesen Weg geht Jesus; zu diesem Weg ruft er seine nach Größe strebenden Jünger" (Walter Grundmann).

(In den folgenden Versen steht geschrieben, daß Jesus ein Kind in ihre Mitte gestellt habe, um den neuen Maßstab für Größe zu verdeutlichen. Nach einer legendenhaften Überlieferung soll dieses Kind Ignatius von Antiochien gewesen sein, der später [um 107] als Greis auf dem Wege nach Rom ins Martyrium an die Gemeinde von Ephesus schreibt: „Jetzt fange ich an, ein Jünger zu werden!" Jetzt, da ich auf dem Wege bin, Letzter zu werden, fange ich an, ein Jünger Jesu zu werden!)

ZUR BESINNUNG AUF DIE JESUSFRAGE

„Worüber habt ihr unterwegs gesprochen?" Wir wollen in seiner Spur gehen, aber „unterwegs" sind wir auf uns selbst abgelenkt, sind wir beschäftigt mit Eigenentwürfen, in der Schwerkraft unseres Ich gebannt; beschäftigt mit unserem Groß-sein-Wollen.

1. Worin suche ich mein Großsein, mein Herrschenwollen?

2. Was ist bei mir Ablenkung von der Klarheit der Nachfolge? Welche Eigenschaft bei mir könnte die Lauterkeit der Nachfolge beeinträchtigen?

3. Wovon rede ich (reden wir) viel?

4. Woran denke ich viel, wenn ich allein bin?

5. Um was sorge ich mich? Ist es vereinbar mit dem Weg Jesu?

6. Was ist gegenwärtig mein wichtigstes Lebensproblem? Wie steht es in der Beziehung zur Nachfolge?

7. Welche Motive begleiten meinen Weg? Halten sie der Frage Jesu stand?

Bei diesen Fragen ist, besonders im Blick auf junge Menschen, zu bedenken, daß die Herausbildung einer gewissen Ichstärke, einer beginnenden Selbstfindung Voraussetzung – und nicht Widerspruch – zu einer dienenden Nachfolge ist. Selbsthingabe setzt eine gewisse Selbsthabe voraus.

ICH BEGEGNE DEM EVANGELIUM

Was ist in dieser Perikope Evangelium, Frohbotschaft?

1. Die große Zu-Mutung, die der Herr mir entgegenbringt; er mutet mir menschliche und christliche Reife, Größe zu, die in der dienenden Selbsthingabe besteht. Er mutet mir Nähe zu ihm selbst zu!

2. Evangelium ist vor allem, daß dieses fruchtbare Dienen des Jüngers nicht zuerst meine Leistung ist – wer scheiterte nicht daran! –, sondern Ermöglichung von ihm her: „Denn der Menschensohn ist nicht gekommen, um sich dienen zu las-

sen, sondern um zu dienen und sein Leben hinzugeben als Lösegeld für viele" (Mk 10, 45). Nur von ihm her, in der Kraft seines Geistes, ist solche Nachfolge möglich: Das ist Evangelium!

> *„Komm, Herr Jesus, und lebe in mir,*
> *in der Fülle deiner Kraft,*
> *in der Lauterkeit deiner Wege,*
> *in der Heiligkeit deines Geistes,*
> *und bezwinge alle böse Macht*
> *durch deinen Geist –*
> *zur Ehre des Vaters. Amen."*
>
> Condren, um 1630

3. Daß diese Zu-mutung Jesu Evangelium ist, frohmachend, können wir immer wieder erfahren, wenn wir uns einmal wirklich selbstlos auf sie eingelassen haben. Der größere innere Friede wird offenbar nicht vom „Haben" verbürgt; vielmehr findet sich der Christ in einem tieferen Einssein mit sich selbst, wenn ihm eine Wegstrecke reifer Nachfolge dessen gewährt worden ist, der sich für uns alle verschenkt hat. Nach einer Tat selbstloser Liebe, ermöglicht aus der angenommenen Gnade, ist das Herz im Frieden. Ist es das je nach einer Tat ichhafter Selbstbehauptung?

EIN AUSBLICK

Die Betrachtung darf nicht nur eine Art Gewissenserforschung bleiben, wie es die oben genannten sieben Fragen nahelegen könnten; sie muß zum Gebet werden. Der hl. Benedikt sagt im Vorwort zu seiner Regel: „Was könnte für uns beseligender sein als die Stimme des Herrn, der uns einlädt? Seht doch, in seiner Güte zeigt uns der Herr den Weg zum Leben." (Quid dulcius nobis ab hac voce Domini invitantis nos? Ecce pietate sua demonstrat nobis Dominus viam vitae.) „Laßt uns unter der Führung *des Evangeliums* die Wege gehen, die der Herr uns zeigt, damit wir ihn schauen dürfen, der uns in sein Reich gerufen hat." (Per ducatum Evangelii pergamus itinera eius, ut mereamur eum qui nos vocavit in regnum suum videre.) Und der heilige Ignatius sagt in seinen „Exerzitien": „Innere Erkenntnis (intima cognitio) des Herrn erbitten, der für mich Mensch geworden ist, damit ich mehr ihn liebe und ihm nachfolge" (Nr. 104).

Eine methodische Hilfe, daß die Betrachtung dieser Perikope Gebet werden kann, bietet die Betrachtungsmethode von S. Sulpice. Sie ist im 17. Jahrhundert im Umkreis des Oratoriums von S. Sulpice in Paris entfaltet worden (Bérulle, Condren, Olier). Der Betende wendet sich in dieser Betrachtung ganz Jesus Christus zu, und zwar betrachtet er die Gesinnung, die innere Einstellung, die „Tugend" Jesu, die sich in dieser Perikope zeigt. In den Ereignissen des Evangeliums fragt diese Betrachtungsmethode vornehmlich nach der Gesinnung, dem inneren „Zustand" („état", status) Jesu, wie er sich in diesem Geschehen offenbart. Beispiele seiner inneren Einstellungen, seiner „Tugenden", wie sie sich in Ereignissen des Evangeliums zeigen, sind etwa: die Unbedingtheit seiner Gottesbeziehung; seine Sünderliebe; der Abscheu vor Selbstgerechtigkeit.

Bérulle, der diese Betrachtungsmethode wesentlich entfaltet hat, sagt: „Die Geheimnisse des Lebens Jesu Christi sind, was ihre besonderen historischen Umstände anbelangt, vergangen; in einer bestimmten anderen Weise dauern sie aber noch fort und sind gegenwärtig. Sie sind vergangen in Bezug auf ihre Ausführung, sie sind jedoch gegenwärtig in Bezug auf die ihnen innewohnende Kraft (vertu), und ihre Kraft vergeht niemals, sowenig die Liebe jemals vergehen wird, mit der sie ausgeführt worden sind."

Ein vereinfachtes Schema dieser Methode:

I. 1. Ich versuche die Haltung, die Gesinnung Jesu zu entdecken und wahrzunehmen, die in dieser Perikope zum Ausdruck kommt.
2. Ich schaue sie anbetend an (Preisung, Dank, Freude).

II. 1. Wie ist es bei mir mit dieser Gesinnung, mit dieser „Tugend" Jesu?
2. Ich öffne mich dieser Gesinnung Jesu, nehme sie auf in mein Leben (communio).

III. Was kann ich tun aus dieser Kraft und Weisung Jesu?
Die drei Stufen dieser Methode heißen in der alten Sprache des Oratoriums:

1. Jesus vor Augen;
2. Jesus im Herzen;
3. Mit Jesus Hand in Hand wirken.

Oder:
1. Wir blicken auf Jesus;
2. Wir vereinigen uns mit ihm;
3. Wir handeln mit ihm.

Zu diesem letzten „Wir handeln mit ihm" ein Wort von Johann Michael Sailer (1751–1832): „Das treue Vollbringen des klar Erkannten ist immer der unentbehrlichste Schlüssel zum Innewerden des Unbekannten."

8

Ist denn keiner umgekehrt,
um Gott zu ehren,
außer diesem Fremden?

Lk 17, 18 in 17, 11–19

¹¹ *Auf dem Weg nach Jerusalem zog Jesus durch das Grenzgebiet von Samarien und Galiläa.* ¹² *Als er in ein Dorf hineingehen wollte, kamen ihm zehn Aussätzige entgegen. Sie blieben in der Ferne stehen* ¹³ *und riefen: Jesus, Meister, hab Erbarmen mit uns!* ¹⁴ *Als er sie sah, sagte er zu ihnen: Geht, zeigt euch den Priestern! Und während sie zu den Priestern gingen, wurden sie rein.* ¹⁵ *Einer von ihnen aber kehrte um, als er sah, daß er geheilt war; und er lobte Gott mit lauter Stimme.* ¹⁶ *Er warf sich vor den Füßen Jesu zu Boden und dankte ihm. Dieser Mann war aus Samarien.* ¹⁷ *Da sagte Jesus: Es sind doch alle zehn rein geworden. Wo sind die übrigen neun?* ¹⁸ *Ist denn keiner umgekehrt, um Gott zu ehren, außer diesem Fremden?* ¹⁹ *Und er sagte zu ihm: Steh auf und geh! Dein Glaube hat dir geholfen.*

ZUR PERIKOPE

Was uns hier berichtet wird, trägt sich zu im Grenzgebiet zwischen Galiläa und Samarien. Und so ist es verständlich, warum in einer Schar jüdischer Aussätziger auch ein Mann aus Samarien mitziehen kann. Es bestand zwischen Juden und Samaritern erbitterte Feindschaft, die anderswo keine Gemeinschaft hätte aufkommen lassen. Nun verband das gemeinsame Schicksal diese Männer. Aussätzige Juden galten ihrer schrecklichen Krankheit wegen als levitisch Unreine. Sie waren von der Gemeinde und vom Kult ausgeschlossen. Das Gesetz des Mose bestimmte: Ein Aussätziger, der dieses Übel an sich hat, soll in zerrissenen Kleidern einhergehen und sein Haupthaar aufgelöst tragen. Er soll seinen Bart verhüllen und „Unrein! Unrein!" ausrufen. Weil er unrein ist, soll er abgesondert leben. Außerhalb des Lagers soll er sich aufhalten (Lev 13, 45 f).

Als er sie sah, sagte er zu ihnen: „Geht, zeigt euch den Priestern!" Und es geschah, während sie hingingen, wurden sie rein. Während sie hingingen! Welch ein Wegstück für diese Elendsschar! Im Gehen die Erfahrung des Heilwerdens. Wie mag die in ihnen aufsteigende Freude den Schritt zum Weitereilen beflügelt haben!

Aber einer hält inne auf seinem Weg. Er sieht und sieht: Die Räudigkeit fällt von seinen Gliedern ab. Da kehrt er um, verherrlicht Gott mit lauter Stimme, fällt aufs Angesicht zu den Füßen Jesu nieder und dankt. Der Mann zu Boden hingeworfen, zu den Füßen des Herrn. Das Herz durchströmt von Freude und Danksagung in dieser Gebärde der Huldigung. Der Blick Jesu über ihm und das neue größere Wort: Steh auf und geh! Dein Glaube hat dich geheilt!

Was sich hier begibt, ist Offenbarung. Das Wunder der Heilung ist Zeichen für das, was in Jesus Christus Ereignis wird. Anfang des neuen Äon. Anbruch der heilen Welt. Als Jesus den Abgesandten Johannes' des Täufers die Antwort mitgibt auf ihre Frage: Bist du es?, da nennt er mit Worten des Propheten Jesaja die Zeichen, an denen der Anbruch der messianischen Zeit sichtbar wird: Blinde sehen, Lahme gehen, Aussätzige werden rein.

Aber hier ist noch ein besonderer Sinn verborgen. Ein Kapitel später berichtet Lukas das Gleichnis vom Pharisäer und Zöllner. Nicht der getreue Gesetzessohn wird gerechtfertigt, sondern der Ausgestoßene, der weit weg stand. Hier sind es die jüdischen Aussätzigen, Söhne Abrahams, die zwar die Heilung annehmen, aber Gott die Ehre geben vor jenem, durch den Gott sein letztes Wort in die Welt spricht; dieses Wort erfassen sie nicht. Der Stammesfremde aber, der Mann aus Samarien, der außerhalb des wahren Heilsweges steht, er kehrt noch auf dem Wege um und verherrlicht Gott mit lauter Stimme. Das Gesetz ist für die Söhne des erwählten Volkes der festgelegte Weg, auf den Jesus selbst sie geschickt hat. Hier aber haben die Neun es auch zum Ziel ihres Weges gemacht. Ihr Weg endet nach der Heilung dort, wo sie sich dem Priester zeigen. Leibhaftig haben sie das Wort der Frohbotschaft aus seinem Munde an sich erfahren. Sie eilen auf das Gesetz zu, wie der Herr selbst es ihnen auftrug. Aber sie vollenden den Weg nicht zu ihm hin, der in dieser messianischen Stunde in seinem Volk alles Gesetz vollendet. Der Samaritaner aber ist überwältigt von dem unerwarteten Geschenk, daß er mit seinen neun jüdischen Leidensgefährten zugleich vom jüdischen Rabbi geheilt wurde, obwohl er doch weder die Hoffnung der Söhne Israels noch irgendein Anrecht geltend machen konnte. Da er nun auf dem Weg die Heilung erfährt, empfängt er sie als völlig unverdiente, unbegreifliche Gabe. Er weiß, nicht das Gesetz hat ihm das Heil eingebracht, sondern jener. Und so eilt er zurück zu jenem, dem er alles verdankt. Er läßt das Gesetz, zu dem die anderen hineilen. Das Gesetz versinkt. Der Heilige Gottes hat ihn erhoben.

Es ist wie in jenem Gleichnis: Dem Verlorenen, der heimkehrt, kann das Fest bereitet werden. Er ist der Freude fähig, weil er die unverdiente Güte des Vaters als das große Geschenk empfängt, das sein Herz zu Dankbarkeit und Liebe erweckt. Der andere aber, der im Haus des Vaters blieb, ist der Freude und des Dankes unfähig geworden, weil er die Liebe des Vaters als Lohn und verdientes Anrecht ansah. Während der Weg der Neun beim Gesetz endet und sich dann irgendwohin in ihrem Alltag verliert – sie blieben weit weg stehen, das gilt auch nach der Heilung immer noch für sie –, hebt sich der Weg dieses einen zurück zum Du des lebendigen Gottes. Und der Reichtum Gottes überflutet ihn ganz. Was er empfangen, hält er frohlockend dem Geber entgegen. Über die Gabe hin sieht und preist er das Antlitz des Gebers. Und in dieser neuen Begegnung erfährt er größer die Liebe des anderen: „Steh auf und geh! Dein Glaube hat dich geheilt!"

Wohl haben auch die Neun das wunderbare Geschenk der Heilung entgegengenommen. Aber es blieb an der Oberfläche. Ihre Haut wurde heil, das Herz wurde nicht verwandelt. Sie hatten genommen, aber nicht die Hand wahrgenommen, die er ihnen gegeben hatte. So konnte die Gabe nicht wachsen, weil sie nicht von der Beziehung genährt wurde. Das wahre Heil, die wahre Heilung blieb ihnen versagt, weil sie zuletzt sich dem Geber versagten. Wer dankt, dessen Herz ist offen zum Geber hin, und so ist es bereit zu neuem Empfang. Sie hatten keinen Blick dafür, daß Gott nicht eine Sache gibt, sondern in allen Gaben sich selbst. So fanden sie auch nicht die angemessene Antwort, im Danken sich selber Gott zu geben.

„Dein Glaube hat dich geheilt." Dein Glaube. Hier zeigt sich die Demut des Herrn, die dem Geheilten selber die Rettung zuerkennt. Und doch ist es in Wahrheit so. Denn dieses gottpreisende Herz tut ja das, was des Glaubens ist: Er geht auf Ihn zu, im Zeugnis seiner lobpreisenden Stimme Gott die Ehre gebend. Und so geht er auf das lebendige Heil zu, den Ort der Rettung. Er kam in der Schwachheit des Anfangsglaubens, vielleicht darin noch ganz getragen von der Erwartung seiner Gefährten. Nun ist bei ihm allein der Glaube im Empfangen der Gabe reifgeworden, weil sein Dank zugleich die Gestalt seiner Demut ist. In ihr bekennt ja der Mensch, daß er nicht aus sich lebt, sondern daß er lebt aus der Gabe des Anderen.

ZUR BESINNUNG AUF DIE JESUSFRAGE

1. Ich bin es, der da vor dem Herrn ist. Ich sehe den Strom von Heilung, der über mich gegangen ist seit der Taufe. Ich höre sein Wort über mir: Steh auf! Und in dieses „Steh auf!" stömen alle die Auferstehungen zusammen, die ich erfahren habe seit der Taufe bis in diese Stunde. Danksagung!

2. Aber bin ich denn nur der Samariter? Bin ich nicht auch unter den Neun? Bin ich nicht oft von ihm, dem Wort seiner Heilung, leichtfüßig hinweggegangen in die Üblichkeit meines Alltags, kaum innerlich die Verwandlung aufnehmend? Was ist mein Danken?

ICH BEGEGNE DEM EVANGELIUM

In der Frage Jesu: „Ist denn keiner umgekehrt, um Gott zu ehren, außer diesem Fremden?" ist – unter der Klage – ein Evangelium, eine frohe Botschaft, verborgen. Jesus kommt von Gott her. Durch Jesus strömt jetzt das Heil von Gott her in die Welt ein. Jetzt ist die Stunde, Gott die Ehre zu geben!

Das Heil Gottes, das durch Jesus ankommt, erfaßt auch den Fremden, den „Ungläubigen", den Fernstehenden, den „Unreinen" und verwandelt ihn. Das Evangelium legt die Zäune nieder. (Und es kann sein, daß der „Fernstehende" vom Geschenk Gottes mehr berührt und verwandelt wird als der, der „drinnen" ist und in der „Selbstverständlichkeit" der Gnade lebt.)

Die Frage Jesu ist zugleich aber auch Ausdruck der Sehnsucht Gottes nach der Antwort des Menschen: „Du brennender Gott in Deiner Sehnsucht" (Mechthild von Magdeburg). Diese Sehnsucht Gottes, die im Alten Testament in dem Wort erscheint: „Ich sagte zu einem Volk, das meinen Namen nicht anrief: Hier bin ich! Hier bin ich! Den ganzen Tag streckte ich meine Hände aus ... Ich wäre zu finden gewesen für die, die nicht nach mir suchten" (Jes 65, 1–2).

Herr, ich danke dir!
Herr, ich preise dich!

GEBET

Herr, du hast mich geheilt. Von dir kommt es, daß ich lebe. Deine Liebe hat mich gefunden, noch bevor ich rief. Ich habe von dir die Heilung empfangen. Aber das Herz, das du berührt hast, ist immer noch nicht in seiner Tiefe aufgetan zum lebendigen Glauben. Das Zurückkehren, die tiefe Bekehrung ist immer noch zu tun. Herr, locke mich mit der Kraft deiner Güte! *Laß mich dankbar werden,* damit das Herz, dieses so oft in sich befangene und verzagte, dieses so oft stumpfe und verschlossene Herz sich weitet und öffnet für dein immer neues Wort: Steh auf und geh! Dein Glaube hat dich geheilt.

EIN AUSBLICK

Im Zweiten Buch der Könige wird erzählt, wie der Heide Naaman, ein Feldherr des Königs von Aram, an Aussatz erkrankt war. Ein junges Mädchen aus Israel, das als Kriegsbeute von den Aramäern verschleppt war, wies ihre Herrin auf einen Propheten ihres Heimatlandes hin: Bei ihm würde Naaman Heilung finden können! In seiner Not machte sich Naaman auf den Weg. Und wirklich: er fand Heilung, nachdem er sich auf Geheiß des Propheten Elischa siebenmal im Jordan gewaschen hatte. Und dann heißt es: „Nun kehrte er mit seinem ganzen Gefolge zum Gottesmann zurück, trat vor ihn hin und sagte: Jetzt weiß ich, daß es nirgends auf der Erde einen Gott gibt außer in Israel. So nimm jetzt von deinem Knecht ein Dankgeschenk an! Elischa antwortete: So wahr der Herr lebt, in dessen Dienst ich stehe: Ich nehme nichts an. Auch als Naaman ihn dringend bat, es zu nehmen, lehnte er ab. Darauf sagte Naaman: Wenn es also nicht sein kann, dann gebe man deinem Knecht so viel Erde, wie zwei Maultiere tragen können, denn dein Knecht wird keinem anderen Gott mehr Brand- und Schlachtopfer darbringen als Jahwe allein!" (2 Kön 5, 15–12).

Dieser Heide kehrte zurück und gibt Gott die Ehre. Zwei Maultierlasten Erde aus dem Land, in dem er Heilung gefunden hat, nimmt er mit. Er will in der Fremde der Götterwelt auf heiligem Boden stehen, wenn er Gott preist, den er gefunden hat; diese Erde aus dem Land seiner Heilung soll ihn erinnern: denn aus dem Gedenken steigt der Dank auf (vgl. Eduard Schweizer, Das Evangelium nach Lukas, Göttingen 1982, S. 178).

Zeichen der Erinnerung – Eucharistie!

Aus dem Gedenken der Dank.

9

Warum siehst du den Splitter
im Auge deines Bruders,
aber den Balken in deinem
eigenen Auge
bemerkst du nicht?

Lk 6, 41 in 6, 41–42

⁴¹ *Warum siehst du den Splitter im Auge deines Bruders, aber den Balken in deinem eigenen Auge bemerkst du nicht?* ⁴² *Wie kannst du zu deinem Bruder sagen: Bruder, laß mich den Splitter aus deinem Auge herausziehen!, während du den Balken in deinem eigenen Auge nicht siehst? Du Heuchler! Zieh zuerst den Balken aus deinem Auge; dann kannst du versuchen, den Splitter aus dem Auge deines Bruders herauszuziehen.*

ZUR PERIKOPE

Der Abschnitt, in dem diese Frage Jesu steht, beginnt mit dem Wort: „Richtet nicht, dann werdet auch ihr nicht gerichtet werden." Aber man muß sehen, worin diese Aufforderung ihren Beweggrund hat: in der alles umfassenden Barmherzigkeit Gottes! Wenige Verse vorher ist von diesem barmherzigen Gott das Unerhörte gesagt, daß er sogar „gütig ist gegen die Undankbaren und Bösen. Seid also barmherzig, wie es auch euer Vater ist." Wenn Gott so zu mir ist, wie kann ich da nicht weitergeben, was ich von Gott erfahre: grenzenlose Barmherzigkeit!

Die Frage Jesu sagt uns: Wenn wir den Bruder zurechtweisen wollen, müssen wir herkommen von der Zurechtweisung, die wir uns selber erteilt haben. Wer die eigene Verkehrtheit selbstgerecht übersieht und dem Bruder seine Verkehrtheit vorhält, wird von Jesus als Heuchler bezeichnet.

ZUR BESINNUNG AUF DIE JESUSFRAGE

Die Tiefenpsychologie kennt das Wort von der Schattenprojektion. „Schatten" ist ins Unbewußte verdrängte Schuld; ist mir Unangenehmes, das ich nicht annehmen wollte oder konnte; ist ins Unbewußte verdrängtes Leben, vom bewußten Ich abgelehntes Leben, das doch zu mir gehören will. Der dunkle Bruder meines Lebens. Meine verdrängte, abgespaltete Lebensseite. Wenn ich meinen Schatten nicht mehr wahrnehmen kann – er ist ja ins Unbewußte verdrängter Lebensanspruch –, beginnt er aus dem Unbewußten Störsignale zu geben (etwa Depressionen). Am liebsten projizieren wir unseren Schatten, um seinen Druck loszuwerden, ahnungslos, oft mit Aggressionen, auf andere Menschen oder auf Institutionen. Aber so kommen wir nicht von diesem noch unerkannten Schattenbruder los, der ein Stück unserer inneren Wirklichkeit ist. (Ein Mann, den ich seit 15 Jahren nach seiner Studienzeit nicht mehr gesehen hatte und der mir nun beim Wiedersehen einen sehr gereiften Eindruck machte, sagte mir, als ich ihm diesen Eindruck mitteilte: „Ich brauche andere nicht mehr zu beschimpfen!") Oder aber wir versuchen uns gegen den Druck des Schattens in uns abzusichern, abzuschotten durch strenge Verhaltensmechanismen und durch Regulierung unseres Verhaltens, um nicht durch den dunklen Bruder aus der Bahn geworfen zu werden.

Wir müssen unseren Schatten kennenlernen, uns ihm stellen, ihn schließlich annehmen. „Man wandelt nur das, was man annimmt" (C. G. Jung). Wenn wir unseren Schatten annehmen, enthüllt er uns seine Zukunftskraft: „Suche im Schatten den Quell des Lebens" (E. Drewermann). Denn im Schatten liegt ja, gleichsam eingefroren, verdrängtes Leben, das ans Licht verlangt. (Die Märchen wissen viel von dieser Schattenverwandlung durch Annahme zu erzählen.) „Kein gültiges Werden ohne Wahrnehmung des Schattens" (K. Dürckheim).

Der Schatten macht sich bisweilen bemerkbar in unseren unkontrollierten heftigen Reaktionen auf Eigenschaften anderer, die wir nicht (an uns!) leiden mögen. Oder in Träumen, in denen eine von uns negativ empfundene Gestalt auftaucht, von der wir dumpf ahnen, daß sie etwas mit uns zu tun hat (Mephisto als Schattengestalt Fausts).

Die Entstehung des Schattens geht oft bis früh in die Kindheit zurück. Sie kann sowohl schicksalhaft wie auch schuldhaft sein.

Wenn wir auf einen Lebensanspruch in bewußter und motivierter Verarbeitung verzichten um eines höheren Gutes willen, wird er nicht zum Schatten; er wird gleichsam als „Opferflamme" Licht.

Den Schatten kommen lassen heißt nicht einfach: ihn ausleben!

Jeder hat seinen Schatten. Er gehört zum Menschen (vgl. A. Chamisso, Peter Schlemihl; H. Hofmannsthal/R. Strauss: Die Frau ohne Schatten). Esau ist Schattengestalt Jakobs. Im Gleichnis vom Verlorenen Sohn sind die beiden Brüder einander Schattengestalt! Die Heiligen haben sich mit ihrem Schatten auseinandergesetzt.

„Sprich –
Doch scheide das Nein nicht vom Ja.
Gib deinem Spruch auch den Sinn:
Gib ihm den Schatten.
Wahr spricht, wer Schatten spricht." Paul Celan

Psalm 19 betet: „Wer bemerkt seine eigenen Fehler? Sprich mich frei von Schuld, die mir nicht bewußt ist."

Augustinus hat es an sich erfahren, wie not-wendig das Erkennen des Schuldschattens ist. In den „Bekenntnissen" schreibt er: „Du Herr, du hast mich zu mir selbst gewendet, der ich mir selbst den Rücken kehrte, weil ich mich nicht sehen wollte, und hast mich Angesicht in Angesicht mit mir selbst gestellt, auf daß ich sehe, wie häßlich ich sei und wie entstellt ... Und ich sah und erschrak und wußte doch nicht, wohin ich hätte vor mir fliehen können."

Den Schatten unserer Schuld und unserer Lebens- und Wahrheitsverdrängungen, diesen Balken im eigenen Auge uns bewußt zu machen, ist die Voraussetzung dafür, daß wir den Bruder richtig sehen und annehmen können. Solange wir unseren Schatten nicht wahrnehmen *und* annehmen, stehen wir in der ständigen Gefahr, ihn auf den Bruder zu projizieren. Wir werden aber nur dann den Mut haben, unseren eigenen Schatten wahrzunehmen und anzunehmen, wenn wir erfahren haben, daß wir von einem anderen angenommen sind, obwohl dieser andere unseren Schatten erkannt hat[1]. Jesus aber sagt uns, daß wir von Gott, dem Vater, in unendlicher Barmherzigkeit angenommen sind,

---

[1] Von daher ist die persönliche Beichte wichtig, in der der Beichtende – auch in der Weise, wie der Priester ihm begegnet – die Erfahrung machen kann, daß er auch in seiner Sünde angenommen wird.

von ihm, der uns kennt bis auf den Grund; von ihm, der „gütig ist auch gegen Undankbare und Böse". Vor diesem Gott können wir uns bekennen mit „dem Balken im eigenen Auge", ohne Angst haben zu müssen, verworfen zu werden. Wie aber werden wir dann dem Bruder begegnen, bei dem wir den „Splitter" zu erkennen glauben?

Wir fragen uns:

1. Was ist der „Balken" in meinem Auge, mein „Schatten"? Was ist meine Verkehrtheit?

2. Wie denke ich als Sünder von der Barmherzigkeit Gottes? (Mein Gottesbild).

3. Ich bitte – angesichts der Jesusfrage – um die Kraft, die Weisung Jesu leben zu können: „Richtet nicht, dann werdet ihr nicht gerichtet werden."

ICH BEGEGNE DEM EVANGELIUM

Um diese Jesusfrage liegt ein verborgener Glanz. Diese Jesusfrage ist umgeben von der Frohbotschaft: Gott ist euer Vater: in grenzenloser Barmherzigkeit! „Seid barmherzig, wie es auch euer Vater ist!"

Gottes Barmherzigkeit über mir Sünder.
Gottes Barmherzigkeit über meinem Menschenbruder!

EIN AUSBLICK

Nicht den Splitter im Auge des Bruders, sondern die Träne im Auge des Bruders wahrzunehmen lädt uns eine Gedichtstrophe (aus dem Zyklus „Stimmen") von Paul Celan (in: Sprachgitter. Frankfurt a. M. 1961) ein.

Jakobsstimme

> Die Tränen.
> Die Tränen im Bruderaug.
> Eine blieb hängen, wuchs.
> Wir wohnen darin.
> Atme, daß
> sie sich löse.

Das Gedicht ist überschrieben: „Jakobsstimme". Es gibt in der Jakobsgschichte im ersten Buch der Bibel zwei Stellen, die von den Tränen im Bruderauge sprechen. Im 27. Kapitel wird berichtet, wie Jakob seinen Bruder Esau mit List um den Segen der Erstgeburt bringt. Als Esau es erfährt, heißt es: „Da sagte Esau zu seinem Vater: Hattest du denn nur einen einzigen Segen, Vater? Segne auch mich, Vater! Und Esau begann laut zu weinen."

Im 33. Kapitel wird berichtet, wie die beiden verfeindeten Brüder nach vielen Jahren der Trennung sich zum ersten Male wieder begegnen: „Esau lief ihm (Jakob) entgegen, umarmte ihn und fiel ihm um den Hals; er küßte ihn, und sie weinten."

„Jakobsstimme" heißt das Gedicht. Ist es die Stimme des Menschen, der schuldig geworden ist am Menschenbruder? Der den Frieden sucht und die Versöhnung mit dem Menschenbruder? Der das Leid wahrnimmt im Aug des Bruders? Der weiß um die Schuld am Leid des Bruders?

Die Träne wuchs, lautlos, ohne daß sie von einer Hand abgewischt wurde; der Weinende weint, ohne sich zu schämen. Und diese Träne bewirkt Verbundenheit: „Wir", so fährt das Gedicht fort, „wir wohnen darin."

Da ist gesagt, daß wir in den Tränen wohnen, die ein Bruder weint. Sie machen uns hilflos, weil sie uns einschließen in das Geheimnis des Weinenden. Es ist fast ein Flehen – unsägliche Zartheit –: „Atme, daß sie sich löse."

Tränen sind wehrloses Zeichen. Sie können die Verhärtung, die Versteinerung lösen. Durch Tränen kann Bruderschaft wachsen. – Sieh nicht den Splitter im Bruderaug, sieh die Träne im Bruderaug!

10

Glaubt ihr,
daß ich dies tun kann?

Mt 9, 28 in 9, 27–31

²⁷ *Und da Jesus vorüberging von dort,*
folgten ihm zwei Blinde, die riefen und sprachen;
Erbarme dich unser, Davidsohn!
²⁸ *Da er aber nach Hause kam,*
kamen zu ihm die Blinden,
und sagt zu ihnen Jesus:
Glaubt ihr, daß ich dieses tun kann?
Sie sprachen zu ihm: Ja, Herr!
²⁹ *Da berührte er ihre Augen, er sagt:*
Nach eurem Glauben geschehe euch!
³⁰ *Und aufgetan wurden ihre Augen,*
und Jesus ergrimmte über sie, er sprach:
Hütet euch, niemand soll es erfahren!
³¹ *Die aber gingen hinaus und verkündeten ihn*
in jenem ganzen Lande.   Übersetzung Ernst Lohmeyer

ZUR PERIKOPE

„Als Jesus vorüberging": Wir denken sofort an den großen rettenden Vorübergang des Herrn, der uns im Buch Exodus (Kap. 12) berichtet wird. Um Erbarmen schreiend, folgen ihm die beiden Blinden. Aber Jesus geht weiter, geht in das Haus hinein. Hier ist es anders als bei der Heilung des blinden Bartimäus (Mk 10, 46–52), wo es heißt: „Jesus blieb stehen."

Ist dieses Weitergehen Jesu wie eine Erprobung ihres Glaubens? Oder sucht Jesus für das heilende Tun die Verborgenheit des Hauses als Schutz vor den Mißverständnissen der Menge? (Vgl. V. 30: „Niemand darf es erfahren!") „Dieses Folgen ist das spannende und besondere Moment. Sie folgen Ihm, obwohl sie Ihn nicht sehen und nur nach dem Geräusch der Schritte dieses Einen sich richten müssen; sie lassen sich nicht beirren dadurch, daß Er auf sie nicht zu hören scheint und gar in Sein Haus geht, ohne sich um sie zu kümmern, lassen auch in ihrem Rufe nicht nach: Erbarme Dich unser, Davidsohn!" (Lohmeyer)

Ihr Ruf „Sohn Davids" ist Messiasbekenntnis. Hier geschieht, was so oft in der Geschichte des Menschen mit Gott geschieht: Die Kleinen, die Geringen erkennen sein Geheimnis. Diese Blinden haben das innere Licht, in dem sie erkennen, daß Er es ist! Die Blinden sehen, die Sehenden sehen nicht! „Selig, die nicht sehen und doch glauben!" (Joh 20, 29).

Warum fragt Jesus sie diese Frage, die im Mittelpunkt unserer Betrachtung steht: „Glaubt ihr, daß ich dies tun kann?" Schon haben sie den Anfangsglauben, der aus ihrer Not geboren ist. Seine Frage soll diesen Anfangsglauben ganz öffnen, damit seine heilende Kraft ganz in sie einströmen kann: „Wie ihr geglaubt habt, so soll es geschehen!" Aber dieser Glaube muß auch ins ausdrückliche Bekenntnis kommen, er muß aus dem Innern in die Gestalt des erfahrbaren Bekenntnisses kommen. So wie auch die Heilung durch Berührung, durch leibhaftige Zeichen geschieht (so wie es bei den Sakramenten das sichtbare Zeichen gibt).

Seltsam dann: „Und Jesus ergrimmte über sie." Dieser „Zorn" Jesu kommt aus seinem Gottesgeheimnis: Macht nicht in eurer Menschenweise bekannt, was allein der Offenbarung Gottes, des Vaters, vorbehalten ist! Nehmt mein Geheimnis nicht in die Eigenmacht eurer Messiasentwürfe! Gott gehört die Weise und die Stunde der Offenbarung, wie euer Messias in Wahrheit ist. (Bis ins Persönlich-Individuelle kann sich dieses „Redeverbot" – wenn auch in anderem Sinne – fortsetzen: Es gibt Erfahrungen mit Gott, die Geheimnis zwischen dem Menschen und Gott bleiben müssen. Paulus scheint solches anzudeuten in 2 Kor 12: „Ich kenne jemand, einen Diener Christi ... Er hörte unsagbare Worte, die ein Mensch nicht aussprechen kann.")

Die Heilung der Blinden ist eines der großen messianischen Zeichen des Alten Testamentes: „Dann werden die Augen der Blinden geöffnet ..."

(Jes 35,5). Diese Stunde ist jetzt da. Zwei Blinde sind es: „Erst auf die Aussage von zwei oder drei Zeugen darf eine Sache Recht bekommen", sagt das Buch Deuteronomium (19,15). Zwei sind es hier; die Zahl der „Erleuchteten" – so wurden die Getauften genannt – wird ins Unermeßliche wachsen ... „Eine große Schar ... niemand konnte sie zählen" (Offb 7,9).

ZUR BESINNUNG AUF DIE JESUSFRAGE

1. „Glaubt ihr, daß ich dies tun kann?" Ich höre diese Frage Jesu auf unsere Zeit hin. Vor dem Hintergrund der Blindheit unserer Zeit (wir denken an die tödliche Kriegsbedrohung, an den Sog des Sinnlosigkeits-Empfindens) stelle ich mich dieser Frage. Glaube ich, daß er, der Davidsohn, der Messias, der im letzten einzige Helfer ist in der lebensbedrohenden Blindheit unserer Zeit?

2. Ich höre die Frage Jesu auf mich, auf mein Leben hin. Wo liegt meine Hilfsbedürftigkeit? – Was ist mein Hilferuf? Glaube ich wirklich an ihn? – Wie stark ist mein Glaube an ihn? – Gehe ich ihm nach, wie die beiden Blinden, mit meinem Vertrauen, mit der Beharrlichkeit meiner Bitte, auch da, wo er zu schweigen scheint? – Gehe ich ihm nach bis in das Haus seiner Verborgenheit hinein?

ICH BEGEGNE DEM EVANGELIUM

Die Frohbotschaft in dieser Jesusfrage heißt: das Angebot seiner Hilfe. Das Vertrauen, daß der Mensch erweckt werden kann zu der Bereitschaft, sich seiner Hilfe zu öffnen. Das Einbeziehen des Menschen in sein Heilswerk: „Nach eurem Glauben geschehe euch!" Daß er sich dem Geringen, dem Elenden zuwendet, der zu ihm ruft.

*Daß es aus unserer Blindheit
auf das Schauen zugeht.*

EIN AUSBLICK

Im Jahre 1833, als Zweiunddreißigjähriger, machte John Henry Newman, begleitet von einem Diener, eine Sizilienreise. Sie wurde für ihn zum Ausbruch einer schweren Lebenskrise, aus der er verwandelt hervorging. In seiner Selbstbiographie schreibt er sehr ausführlich davon. Er erkrankte an einer lebensbedrohenden Krankheit. Er schreibt: „Mein Diener glaubte, ich werde sterben und bat mich, ihm die letzten Weisungen zu geben. Ich willfahrte seinem Wunsche, sagte aber: Ich werde nicht sterben, und wiederholte: Ich werde nicht sterben, denn ich habe nicht gegen das Licht gesündigt, ich habe nicht gefrevelt am Lichte. Ich habe mir niemals klarmachen können, was ich damit meinte.

Ich fuhr nach Castro-Giovanni und lag da noch

beinahe drei Wochen zu Bett. Ende Mai brach ich nach Palermo auf; ehe ich den Gasthof verließ, am Morgen des 26. oder 27. Mai, saß ich aufrecht im Bette und fing bitterlich an zu weinen. Mein Diener, der mich mit aller Sorgfalt gepflegt hatte, fragte, was mir fehle. Ich wußte nichts zu erwidern, als: Ich habe ein Werk in England zu tun. Mit Schmerzen sehnte ich mich nach Hause, aber aus Mangel an Fahrgelegenheit mußte ich noch drei Wochen in Palermo warten. Endlich stach ich auf einem Orangenboote, das nach Marseille bestimmt war, in See. Windstille hielt uns eine ganze Woche in der Straße von Bonifacio auf; ich schrieb damals das kleine Gedicht: ‚Lead, kindly Light‘, das später so bekannt geworden ist. Gleich nach der Ankunft in Marseille eilte ich England zu; aber die Beschwerden der Reise machten mich wieder krank, so daß ich in Lyon mehrere Tage liegen mußte. Endlich konnte ich weiter und fuhr Tag und Nacht durch, bis ich England und das Vaterhaus erreicht hatte."

Führ, gütiges Licht, mich aus dem dunklen Graus,
    führ du mich recht!
Die Nacht ist schwarz, und ich bin weit von Haus,
    führ du mich recht!
Leucht meinem Fuß, nicht daß das Letzte sich
mir schon enthüll, ein Schritt genügt für mich.

Nicht immer betete ich so, daß du
    mich führtest recht;
ich liebte irrend eigne Pfade, nun
    führ du mich recht!

Dem grellen Tag und meinem stolzen Sinn
– gedenk es nicht! – gab blindlings ich mich hin.

Du hast gesegnet in der Finsternis
    mich lange schon,
führ mich durch Klippen, Moor und Heide, bis
    die Nacht entflohn,
bis mich am Morgen grüßt vom Paradies
der Engel Liebe, die ich lang verließ.

Auf See, 16. Juni 1833   *Übertragen von Franz Böller*

II

Wollt auch ihr weggehen?

Joh 6, 67 in 6, 48–51.60.66–69

⁴⁸ *Ich bin das Brot des Lebens.* ⁴⁹ *Eure Väter haben in der Wüste das Manna gegessen und sind gestorben;* ⁵⁰ *das ist das Brot, das vom Himmel herabkommt, daß man von ihm ißt und nicht stirbt.* ⁵¹ *Ich bin das lebendige Brot, das vom Himmel herabgekommen ist; wenn jemand von diesem Brot ißt, wird er in Ewigkeit leben, und das Brot, das ich geben werde, ist mein Fleisch für das Leben der Welt* ... ⁶⁰ *Viele seiner Jünger, die das hörten, sagten: Hart ist diese Rede, wer kann sie hören?* ... ⁶⁶ *Daraufhin zogen sich viele seiner Jünger zurück und wanderten nicht mehr mit ihm umher.* ⁶⁷ *Da sagte Jesus zu den Zwölf: Wollt auch ihr weggehen?* ⁶⁸ *Simon Petrus antwortete ihm: Herr, zu wem sollen wir weggehen? Worte ewigen Lebens hast du.* ⁶⁹ *Und wir haben geglaubt und erkannt: Du bist der Heilige Gottes!*

Übersetzung Rudolf Schnackenburg

ZUR PERIKOPE

Aus der großen Selbstoffenbarung Jesu als Brot des Lebens im sechsten Kapitel des Johannesevangeliums wählen wir diese Verse aus mit der Jesusfrage: „Wollt auch ihr weggehen?"

„Ich bin das Brot des Lebens": Das ist eine der sieben bildhaften Ich-bin-Aussagen Jesu im Johannesevangelium: „Ich bin das Licht der Welt" (8,12); „Ich bin die Tür" (10,7); „Ich bin der gute Hirt" (10,11); „Ich bin die Auferstehung und das Leben" (11,25); „Ich bin der Weg, die Wahrheit und das Leben" (14,6); „Ich bin der wahre Weinstock" (15,1). Zusammengefaßt sind diese sieben Ich-bin-Entfaltungen in dem großen „ICH BIN ES": „Wenn ihr den Menschensohn erhöht habt, dann werdet ihr erkennen, daß ICH ES BIN" (Joh 8,28). 26mal kommt das Ich-bin im Johannesevangelium vor. Dieses Ich-bin im Munde Jesu hat einen tiefen Hintergrund. Es ist das Wort der Gottesoffenbarung im Alten Testament: „Ich bin Jahwe"! Es ist die große Gottesoffenbarung aus dem brennenden Dornbusch, wo Gott seinen Namen kundgibt: „ICH BIN" (Ex 3,14). Und wenn Jesus in Joh 13,19 sagt: „Ich sage es euch schon jetzt, ehe es geschieht, damit ihr, wenn es geschieht, glaubt: „ICH BIN ES", so werden wir erinnert an die Gottesaussage bei Jes 43,10: „... damit ihr erkennt und mir glaubt und einseht: ICH BIN ES!"

Alles dies sagt uns: „Jesus ist Gottes eschatologischer Offenbarer, in welchem sich Gott selbst zur

Sprache bringt ... Er muß als der Sohn, der mit dem Vater in engster Gemeinschaft steht und wirkt, den vollen und exklusiven Anspruch erheben, der einzige Zugang zum Vater zu sein" (R. Schnackenburg).

„Ich bin das Brot des Lebens." Brot ist zum Essen da. Der Essende ein-verleibt sich die Speise. Wenn Jesus das Brot des Lebens ist, so bedeutet das Essen innigste Gemeinschaft mit ihm: zum Leben! Und er ist nicht nur das Lebensbrot für den einzelnen, sondern: „Das Brot, das ich geben werde, ist mein Fleisch für das Leben der Welt." Er wird es „geben": er wird sich selbst dahingeben.

Der Prolog des Johannesevangeliums sagt: „Und das Wort ist Fleisch geworden." Die Weisheitslehren und die Religionen Asiens sehnen sich weg vom „Fleisch", vom Geschichtlich-Welthaften. Sie suchen „das Aufgehen des Menschen im Seinslosen, Nirvana, im leibfreien Samadhi oder im Ungrund des Tao" (Arthur Schult). So aber wie das Glaubensbekenntnis der Christen ein Fleischwerden Gottes bekennt, so bekennt es auch die Auferstehung des Fleisches: die Bejahung der Welt, der Geschichte, des Leibhaftigen. Das Brot, sein Fleisch, er selbst geht in die Welt ein, aber da es vom Himmel herabkommt, geht der Himmel in die Welt ein. Das Manna war leibliche Sättigung, hier ist Ewigkeitssättigung. Und während sonst Brot dem Menschen einverwandelt wird, soll hier der Mensch dem Himmelsbrot einverwandelt werden.

„Viele seiner Jünger, die das hörten, sagten: Hart

ist diese Rede, wer kann sie hören?" Der Blick des Evangelisten geht über die Zeiten hin zu den Vielen, die „die große Weigerung begangen" (Dante), die die Entscheidung des Glaubens nicht vollziehen, weil ihr Verstand das Wort des Herrn als unerträgliche Zumutung empfindet. Auch im inneren Kreis der Jünger kann dieses Ärgernis des Glaubens aufkommen. Es beginnt da, wo Jesus Christus nicht mehr im Ganzen im Blick steht; wo der Verstand und der eigene Erfahrungsumfang sich zum Maßstab macht und sich auf eine Einzelheit seiner Offenbarung fixiert, ohne die Schritte des Mitgehens mit ihm zu tun. Es beginnt da, wo in dem Wort „Das Brot, das ich geben werde" seine bedingungslose Liebeshingabe überhört wird, wo die Begegnung nicht mehr auf der Ebene der Liebe geschieht, sondern nur noch auf der Ebene der feststellenden Erkenntnis (vergeblich) gesucht wird.

„Daraufhin zogen sich viele seiner Jünger zurück und wanderten nicht mehr mit ihm umher." Kurz vorher hatte Jessus gesagt: „Es sind einige unter euch, die nicht glauben" (V. 64). Jetzt wird die Scheidung offenbar. Das also hat Jesus erfahren! Man spricht von einem „Massenabfall" vieler Jünger in Galiläa, von einer „Krise in der Jesus-Bewegung in Galiläa, die mit einem eklatanten Mißerfolg für Jesus geendet hat. Jesus ist mit seiner Botschaft in Galiläa faktisch gescheitert. Es waren, nach johanneischer Auffassung, offenbar nicht viele, die auch weiterhin zu Jesus hielten" (Josef Blank).

Immer wieder wird das durch die Zeiten weitergehen. Und immer wieder werden die, die bei Jesus bleiben, den Schmerz und die Glaubensbelastung spüren, wenn Getaufte sich von Jesus und von ihnen trennen. Sie waren einmal eine Zeitlang seine Jünger. Haben sie einmal seine Nähe gespürt? Haben sie einmal sein ICH BIN ES geahnt? Unmittelbar vorher sagt Jesus: „Niemand kann zu mir kommen, wenn es ihm nicht vom Vater *gegeben* ist" (V. 65): Haben sie nicht um die *Gabe* des Glaubens an Jesus gebetet?

Jesus ruft die Weggehenden nicht zurück. Man hört im Evangelium nicht, daß die Weggehenden noch einmal zurückgekommen sind. Wohin geht ihr Weg? Werden sie nie mehr von seinem Ruf erreicht? Wir wissen nichts vom Geheimnis der Berufungen.

„Da sagte Jesus zu den Zwölf: Wollt auch ihr weggehen?" Entscheidende Anfrage Jesu, Frage, die die Entscheidung herausruft. Auf dem Hintergrund des Abfalls der Vielen geht diese Frage ans Herz der Zwölf, der nächsten Erwählten und Vertrauten. Große Prüfung des Glaubens, Anruf ihrer Freiheit und zugleich Anruf ihrer Treue. Was schwingt in dieser Frage Jesu mit? Festigkeit, Sorge, Trauer, Hoffnung, Kraft der Glaubenserweckung? Er nimmt von seinem Anspruch nichts zurück! Ob nicht in diesem Augenblick im Geiste Jesu schon die Hoffnung und Erwartung ist, die er später ausspricht: „Euer Herz lasse sich nicht verwirren. Glaubt an Gott und glaubt an mich! ... Euer Herz beunruhige sich nicht und verzage nicht" (Joh 14,1.27)?

Schauererregende Freiheit des Menschen, der Botschaft Gottes sich verweigern zu können.

„Simon Petrus antwortete ihm: Herr, zu wem sollen wir weggehen? Worte ewigen Lebens hast du. Und wir haben geglaubt und erkannt: Du bist der Heilige Gottes!"

Petrus ist der Sprecher der Zwölf. Natürlich versteht auch Petrus nicht, wie das sein kann, daß Jesus sich ihnen als Speise gibt. Aber er bleibt mit seinem Verstand nicht an dieser Frage hängen, sondern vertraut! Er vertraut, weil er diesen Jesus von Nazaret erlebt hat und an der Wahrheit dieses Menschen nicht zweifeln kann. Hohe Stunde der Erleuchtung: „Du bist der Heilige Gottes!" Diese Zwölf verhärten ihr Herz nicht unter der „harten Rede" Jesu, sondern öffnen sich ihm mit der Entschiedenheit ihres Glaubens. Hohe Stunde des Glaubens: „Wir haben geglaubt und erkannt" – vertrauen und erkennen, erkennen und vertrauen; wir haben dich erlebt als den, der allein unsere Hoffnungen erfüllen kann. Du bist es! Es ist wie eine Antwort auf das Wort Jesu: Ich bin es!

Petrus weiß und sagt, daß ihr Leben allein noch hängt an ihm. Weggehen in das Frühere gäbe keinen Sinn mehr; zu einem anderen gehen, es gäbe keinen Sinn: Er allein ist es! Nur bei ihm geht es um das *ewige* Leben: „Worte ewigen Lebens hast du." Begreifen kann er nicht, aber vertrauen, radikal vertrauen: diesem allein!

ZUR BESINNUNG AUF DIE JESUSFRAGE

1. Was ist *meine* Antwort auf diese Jesusfrage? – Kann ich sie in der Du-Form geben? – Kann ich die Petrusantwort mitsprechen?

2. Nicht weggehen von ihm, sondern zugehen auf ihn: Wie tue ich das?

3. Die Brotrede weist auf die Eucharistie. Wie öffne ich mich seiner Hingabe und zeige damit, daß ich nicht von ihm weggehen will, sondern auf ihn zugehen möchte? – Was bedeutet für mich die Eucharistie? („Ich bin das lebendige Brot.")

4. Worin besteht bei mir die Versuchung eines Weggehens von ihm?

5. Man kann den Eindruck haben, daß heute viele von ihm weggehen; was bedeutet dieses Weggehen der Vielen für mich?

ICH BEGEGNE DEM EVANGELIUM

In der Frage Jesu verbirgt sich Frohbotschaft. In dieser Frage liegt das Gnadenangebot des Glaubens an ihn! In dieser, in göttlichem Selbst- und Sendungsbewußtsein gestellten Frage kommt uns das einzig Rettende „Ich bin es" entgegen.

Frohbotschaft für mich liegt auch darin, daß er im Evangelium diese Frage an mich stellt und meine Antwort erwartet:

Es liegt ihm an mir!

EIN AUSBLICK

Kierkegaard schreibt (in: „Taten der Liebe", in: Die Leidenschaft des Religiösen, Stuttgart, Reclam 7783):

Der Weg durch das Ärgernis
„Das Christliche ist ... das Höchste und Allerhöchste. Aber man muß sehr gut im Auge behalten, daß es dem natürlichen Menschen zum Ärgernis ist. Wer bei Bestimmung des Christlichen als des Höchsten die Zwischenbestimmung des Ärgernisses ausläßt, versündigt sich am Christentum und begeht eine Vermessenheit – weit abscheulicher, als wenn sich die ehrbare Hausmutter wie eine Tänzerin kleiden wollte, noch schrecklicher, als wenn sich der strenge Richter Johannes wie ein Modejunker kleiden wollte.

Das Christliche ist in sich selber zu schwer und in seinen Bewegungen zu ernst, um sich in der Leichtfertigkeit solch leicht dahinfließender Rede vom Höheren, Höchsten und Allerhöchsten tanzend bewegen zu können. Der Weg zum Christlichen führt durch das Ärgernis hindurch. Damit ist jedoch nicht gesagt, daß der Zugang zum Christlichen darin bestehen soll, daß man sich an ihm ärgert und sich also selber daran hindert, das Christliche zu ergreifen –: nein, aber am Eingang zum Christlichen steht das Ärgernis Wache.

Selig, wer sich am Christlichen nicht ärgert!"

12

Begreift ihr,
was ich an euch getan habe?

Joh 13, 12 in 13, 1–20

¹ *Vor dem Paschafest wußte Jesus, daß seine Stunde gekommen war, aus dieser Welt zum Vater hinüberzugehen, und da er die Seinen, die in der Welt waren, liebte, erwies er ihnen seine Liebe bis zuletzt (oder: bis zum äußersten).* ² *Und ein Mahl fand statt – der Teufel hatte dem Judas Iskariot, dem Sohn Simons, schon ins Herz gegeben, ihn zu verraten,* ³ *Jesus wußte, daß ihm der Vater alles in die Hände gegeben hatte und daß er von Gott ausgegangen war und zu ihm zurückkehrt –,* ⁴ *da stand er von dem Mahl auf, legte das Oberkleid ab, nahm ein Leinentuch und umgürtete sich damit.* ⁵ *Dann goß er Wasser in das Becken und begann, seinen Jüngern die Füße zu waschen und mit dem Leinentuch abzutrocknen, mit dem er umgürtet war.*

⁶ *Er kam also zu Simon-Petrus; (dieser) sagte zu ihm: „Herr, du willst mir die Füße waschen?"* ⁷ *Jesus antwortete ihm: „Was ich tue, verstehst du jetzt nicht, du wirst es aber nachher erkennen."* ⁸ *Petrus sagte zu ihm: „Niemals sollst du mir die Füße waschen!" Jesus entgegnete ihm: „Wenn ich dich nicht wasche, hast du keinen Teil mit mir."* ⁹ *Da sagte Simon-Petrus zu ihm: „Herr, nicht nur meine Füße, sondern auch die Hände und den Kopf!"* ¹⁰ *Jesus sprach zu ihm: „Wer gebadet ist, braucht sich nicht zu waschen, sondern ist ganz rein. Auch ihr seid rein, aber nicht alle."* ¹¹ *Er kannte nämlich den, der ihn ausliefern sollte. Deswegen sagte er: Nicht alle seid ihr rein.*

¹² *Als er ihnen nun die Füße gewaschen, sein Oberkleid angelegt und sich wieder zu Tisch gesetzt hatte, sagte er zu ihnen: „Begreift ihr, was ich an euch getan habe?* ¹³ *Ihr redet mich mit ‚Meister' und ‚Herr' an, und ihr habt recht; denn ich bin es.* ¹⁴ *Wenn also ich, der Meister und Herr, euch die Füße gewaschen habe, so müßt auch ihr*

einander die Füße waschen. ¹⁵*Ich habe euch nämlich ein Beispiel gegeben, damit auch ihr tut, wie ich an euch getan habe.* ¹⁶*Amen, Amen, ich sage euch: Ein Knecht ist nicht größer als sein Herr, und ein Abgesandter ist nicht größer als derjenige, der ihn gesendet hat.* ¹⁷*Wenn ihr das wißt, selig seid ihr, wenn ihr danach handelt.*

¹⁸*Nicht von euch allen spreche ich; ich weiß, wen ich erwählt habe. Aber die Schrift soll erfüllt werden: ‚Einer, der mein Brot ißt, hat seine Ferse gegen mich erhoben.'* ¹⁹*Schon jetzt sage ich es euch, bevor es geschieht, damit ihr, wenn es geschieht, glaubt: Ich bin es.* ²⁰*Amen, Amen, ich sage euch: Wer einen annimmt, den ich sende, nimmt mich an. Wer aber mich annimmt, nimmt den an, der mich gesandt hat.* Übersetzung R. Schnackenburg

ZUR PERIKOPE

Der Bericht über die Fußwaschung findet sich nur im Johannesevangelium. Man hat darauf hingewiesen, daß die Fußwaschung in diesem Evangelium an Stelle des fehlenden Abendmahlberichtes stehe. Sie ist Ausdeutung und schon Vollzug dessen, was in der Passion und in der Eucharistie geschieht: die liebende, dienende Hingabe Jesu, das Anteilgewähren an der Frucht dieser Hingabe („Wenn ich dich nicht wasche, hast du keinen Anteil an mir").

„Jesus wußte, daß seine Stunde gekommen war." Am Anfang des Evangeliums, auf der Hochzeit zu Kana hatte er gesagt: „Meine Stunde ist noch nicht gekommen" (Joh 2, 4). Jetzt ist die Stunde da, in der sich alles vollendet. Die Fußwaschung ist die große zeichenhafte Zusammenfassung.

Zweimal steht dieses „Jesus wußte" da (V. 1 und 3): Was er tut, tut er im hellen Bewußtsein seiner Sendung, tut er in der Verbundenheit mit dem Vater, tut er in Freiheit! Und gerade sein Sichbeugen zum Sklavendienst ist Ausdruck dieser Freiheit. (Ein Gegenbild dieses Tuns und dieser Gesinnung wird von dem römischen Schriftsteller Sueton berichtet. Er schreibt von dem Kaiser Caligula: „Senatoren, die höchste Ehrenstellungen bekleidet hatten, ließ er in der Toga mehrere tausend Schritte neben seinem Wagen herlaufen oder bei Tisch hinter seinem Polster oder zu seinen Füßen wie Sklaven im Linnenschurz aufwarten" [zit. nach J. Blank, Das Evangelium nach Johannes, Bd. 4/2, S. 301].)

„Jesus hat zwar im allgemeinen die Anrede *Rabbi* geduldet, aber die bei den Rabbinen übliche Praxis, sich von den eigenen Schülern bedienen zu lassen, gerade in Frage gestellt. Hinter der genannten Praxis stand an sich ein schöner Gedanke: Die Rabbinenschüler sollten nicht nur aus dem *Lehrvortrag* ihres Meisters, sondern auch durch den täglichen *Umgang* mit ihm die Tora lernen. Täglicher Umgang hieß aber konkret: daß sie ihren Meister wie Leibburschen bedienten. Es galt die Regel: Kenntnis der Tora kann nicht ohne Bedienen von Gelehrten erworben werden. Rabbi Jochanan wird später formulieren: ‚Jeder, der seine Schüler hindert, ihn zu bedienen, ist wie einer, der ihnen die Liebe versagt.' Genau das aber hat Jesus beim letzten Mahl getan: er hat seine Schüler gehindert, ihn zu bedienen. Er läßt sich von seinen Jüngern nicht die Füße waschen, sondern er selbst tut ihnen diesen zum Mahl gehörenden Dienst (Joh 13, 1–20). Er ist in ihrer Mitte wie einer, der dient (Lk 22, 27). Er ist nicht gekommen, sich bedienen zu lassen, sondern zu dienen (Mk 10, 45). Jesu Wort vom *Dienen* gehört innerhalb der Jesustradition zu der am breitesten bezeugten Überlieferung. Mit all dem ist ein zweiter Punkt festgemacht, in welchem die Katechese Mt 23, 8–12 den Geist Jesu mit größter Sensibilität bewahrt hat. ‚Der Größte von euch soll euer Diener sein' (23, 11). Daß sich Jesus – wohl nicht nur beim letzten Mahl – nicht bedienen ließ, sondern selber diente, muß sich seiner Jüngergemeinde so tief eingeprägt haben, daß sie später ihre eigenen Ämter als *diakoniai,* als Dienste, bezeichnete" (G. Lohfink, Wie hat Jesus Gemeinde gewollt?, Freiburg-Basel-Wien 1982, S. 59).

Jesus wäscht den Jüngern die Füße. Die Füße, mit denen wir durch den Staub und Schmutz der Erde gehen. Er nimmt dieses „Unten", unsere „Erde" liebend an und verwandelt es. So können wir uns mit diesem unseren „Unten", dem Schmutz unseres Weges, annehmen; sind wir doch darin von ihm liebend angenommen worden.

In dem Bericht von der Fußwaschung sind zwei Ausdeutungen zu erkennen. Die erste steht in Vers 8: „Wenn ich dich nicht wasche, hast du keinen Anteil an mir." Wer die Todeshingabe Jesu an sich geschehen läßt, gewinnt Anteil an ihm. Was dieser Anteil zuletzt bedeutet, wird im Johannesevangelium zum Beispiel verheißen in den Worten: „Wo ich bin, dort wird auch mein Diener sein" (Joh 12,26). Oder: „Wenn ich gegangen bin und einen Platz für euch vorbereitet habe, komme ich wieder und werde euch zu mir holen, damit auch ihr dort seid, wo ich bin" (Joh 14,3). Oder: „Vater, ich will, daß alle, die du mir gegeben hast, dort bei mir sind, wo ich bin. Sie sollen meine Herrlichkeit sehen, die du mir gegeben hast" (Joh 17,24).

Diesen Anteil gewinnt man als Ganzes. Petrus sagt: „Herr, nicht nur meine Füße, sondern auch die Hände und den Kopf!" Und Jesus entgegnet ihm: „Wer gebadet ist, ist ganz rein." Gottes Zuwendung ist immer ganz! Und: Nicht in Teilen kann man gerettet werden, sondern nur als Ganzer.

Gott gibt das Ganze. Er erwartet, daß wir uns ganz dafür öffnen. „Gib das Ganze für das Ganze", sagt die „Nachfolge Christi" des Thomas von Kempen. Wenn Gott das Ganze gibt und wer es annimmt, ist „ganz rein". Die geschenkte Vollendung im Himmel wird für jeden wirklich eine vollendete sein, kein mögliches Mehr oder Weniger.

Die zweite Ausdeutung steht in Vers 14–15: „Wenn nun ich, der Herr und Meister, euch die Füße gewaschen habe, dann müßt auch ihr einander die Füße waschen. Ich habe euch ein Beispiel gegeben, damit auch ihr so handelt, wie ich an euch gehandelt habe." Die Gemeinschaft mit Jesus, in die er sie in seinem Todesdienst hineingenommen hat („Anteil"), sollen sie in der Jüngergemeinde einander liebend und dienend weitergeben. Aber dieses „sollen sie weitergeben" ist nicht ein pures Sollen, sondern vielmehr ein Gedrängtsein: Wer solche Liebeshingabe an sich erfahren hat, kann gar nicht anders, als sie weiterbezeugen, weitergeben. Und in diesem Weitergeben wird dem Jünger noch mehr der Liebesdienst Jesu aufgehen.

Josef Blank schreibt dazu: „Es geht also darum, das maßgebende ‚Beispiel' Jesu nicht moralistisch zu verstehen und es damit unterzubewerten, sondern daraus das ‚Gesetz', das Modell oder auch die Grundstruktur der Gemeinde Jesu, der Kirche, abzulesen... Das Stichwort ‚einander', ‚einer dem anderen' wird im folgenden immer wiederkehren. Es bezeichnet die neue durch Jesus begründete Partnerschaft, die den Gesamtcharakter der Gemeinde

Jesu nach Johannes prägen soll. Von daher ist auch der Ausdruck ‚Beispiel' richtig zu verstehen: Das Symbol der Fußwaschung ist das Symbol für das totale Engagement Jesu, für seinen Lebenseinsatz bis zum Tod. Und von daher ist dieses Symbol auch vollmächtig und umfassend auf das gesamte Sein und Handeln der Gemeinde Jesu zu beziehen. Es ist das Gütezeichen, von dem alles ‚christliche' und ‚kirchliche' Handeln geprägt sein soll, als radikales Handeln aus der Liebe heraus... Konkret heißt diese Norm: Im Namen Jesu füreinander da sein" (Bd. 4/2, S. 43.44.48). Blank schließt daran die Frage an, ob solches Füreinanderdasein nicht eine Gemeinde voraussetze, wo man sich noch gegenseitig kennt; ob nicht in einem großkirchlichen Verband diese grundlegenden Dinge zwangsläufig in den Hintergrund treten müßten. Von daher gewinne das johanneische Modell institutionskritischen Charakter. Wie aber würde das eine Gemeinde verändern, wenn sie versuchte, radikaler aus dem Beispiel Jesu zu leben! Wie würde dann „das Gesicht der Gemeinde Jesu wieder zum Leuchten kommen" (S. 48 u. 49).

In der Hirtenrede im 10. Kapitel des Johannesevangeliums hatte Jesus gesagt: „Ich kenne die *Meinen*, und die Meinen kennen mich" und „Ich gebe mein Leben hin für die Schafe". Jetzt beginnt der Bericht: „Da er die *Seinen*, die in der Welt waren, liebte, erwies er ihnen seine Liebe bis zur Vollendung", (eis telos): bis zuletzt, bis zum äußersten, bis zur Vollendung. Als Jesus am Kreuz ruft: „Es ist vollbracht", klingt im Griechischen das gleiche Wort auf (tetelestai). In der Fußwaschung wird zeichenhaft die Liebeshingabe Jesu gegenwärtig, die in seinem Todesdienst, in seiner Todesdiakonie geschieht.

Aber sofort erscheint als Schatten zu dieser Liebeshingabe die teuflische Dunkelkraft: „Der Teufel hatte Judas, dem Sohn des Simon Iskariot, schon ins Herz gegeben, ihn zu verraten und auszuliefern." So wird es immer sein: Wo das Licht, solches Licht, aufscheint, tritt mächtig die Dunkelkraft auf den Plan.

In das Nichtbegreifenkönnen des Petrus sagt Jesus das Wort: „Später wirst du es begreifen." Dieses „später" wird die Zeit nach Ostern sein, jene Zeit, die im letzten Kapitel bei Johannes mit dem Wort „danach" eingeleitet wird. Dieses „später" vollzieht sich im Glaubensweg des Jüngers auf dem Weg der Glaubenserfahrung, wenn er mit Jesus geht und in seinem eigenen Jüngerleben etwas erfährt von Tod und Auferstehung. Wenn ihm aufgegangen ist, daß die Ohnmacht der armen Liebe Gottes das Rettende ist! Immer wieder gibt es dieses „später" bei uns, wenn wir manchmal, zurückschauend ahnen: Das war Seine Nähe! – und wir erkannten sie nicht in dem Augenblick, da sie uns geschenkt war.

Wir werden erinnert an die Worte, die Jesus in Lk 22,24–27 beim Mahle gesprochen hat: „Es entstand unter ihnen ein Streit darüber, wer von ihnen wohl der Größte sei. Da sagte Jesus: Die Könige herrschen über ihre Völker, und die Mächtigen lassen sich Wohltäter nennen. Bei euch aber soll es nicht so sein, sondern der Größte unter euch soll werden wie der Kleinste, und der Führende soll werden wie der Dienende. Welcher von beiden ist größer: Wer bei Tisch sitzt, oder wer bedient? Natürlich der, der bei Tisch sitzt: *Ich aber bin unter euch wie der, der bedient.*"

Und gerade darin leuchtet seine Hoheit auf, die anklingt (V. 13) in dem Wort „Herr", dem Kyrios-Namen der nachösterlichen Zeit, und in dem „denn ich bin es", in welchem das große „Ich bin" des Johannesevangeliums aufscheint: „Ich sage es euch schon jetzt, ehe es geschieht, damit ihr, wenn es geschehen ist, glaubt: Ich bin es!" (V. 19).

Die Aufforderung Jesu an die Jünger, in seine Bewegung der dienenden Hingabe einzugehen, schließt mit der Seligpreisung: „Selig seid ihr, wenn ihr das wißt und danach handelt." Die Einsicht muß zur Tat werden; Erkenntnis (Gnosis) allein genügt nicht.

ZUR BESINNUNG AUF DIE JESUSFRAGE

1. Die Bewegung Gottes in Jesus Christus anschauen. Dieses Mysterium anbeten. Das ist auch zu mir hin! Gottes Dienst an mir, an uns! So ist Gottes rettende Liebe von Jesus ausgelegt worden. Danksagung.

2. Meine Beziehung zu den Menschen sehen im

Aspekt dieses Tuns Jesu. Meine innere Gesinnung, mein tatsächliches Verhalten. Kann ich, im Namen Jesu, wirklich so für andere da sein? Führe ich andere, dienend, zu ihrem eigenen Leben, zu ihrer Freiheit – so wie Jesus uns durch seine Todesdiakonie in die Freiheit erhoben hat?

3. Wo ist *mein* Stolz! Vor diesem „Begreift ihr..." meinen Stolz erkennen. Neu zugehen in Demut auf diese Mitte des Reiches Gottes: die Ohnmacht der gekreuzigten Liebe, die arme Liebe Gottes, die uns aufhebt. Wir werden nur dann anfangen zu begreifen, wenn wir unseren Stolz lassen und anfangen, die Bewegung seiner Demut mitzumachen: zum Menschen hin![1]

ICH BEGEGNE DEM EVANGELIUM

Ein Pfarrer, der in einer kleinen Landgemeinde tätig ist, erzählte mir von dem Sterben eines Mannes aus seiner Gemeinde. Ein fünfzigjähriger Bauer mit großer Familie, auf der Höhe seiner Schaffenskraft, erkrankt an Krebs. Als ihm mitgeteilt wird, daß die Krankheit schon lebensgefährlich fortgeschritten ist, wehrt er sich gegen den Tod mit lautem Schreien. Täglich besucht ihn der Priester. Als er

---

[1] Hier wird freilich, besonders was den jungen Menschen betrifft, die Reifungsgeschichte des einzelnen zu bedenken sein; daß nicht vorzeitig, bevor eine gewisse Ichfindung und Ichstärke und damit Beziehungsfähigkeit erreicht ist, eine unzeitige und damit unechte Demutshaltung eingeübt wird.

ihm schließlich die heilige Kommunion bringt, sagt der Todkranke in seiner einfachen Sprache: Wenn Er bei mir ist, dann muß es gehen! Er hatte im Glauben aufgenommen: Christus ist in mein Elend hineingegangen. *Ich bin erlöst durch Seinen Todesdienst!*

AUSBLICK

1. Der große Theologe Erich Przywara SJ, der 1972 gestorben ist, hat sein Leben lang mit dem Wort gelebt: Deus semper maior. Gott ist größer! Gott der je immer Größere. Nach dem Wort des hl. Augustinus: „Immer ist Er je größer, wie sehr wir auch wuchsen."

Jemand erzählte mir kurz nach dem Tode Przywaras, daß dieser in der sehr langen und schmerzlichen Todeskrankheit das Leitwort seines Lebens abgewandelt habe in „Deus semper minor"! Gott, der immer Kleinere! Gott, der immer mehr als Geringer in unsere Geringheit eingeht.

Beide Worte sind gewiß wahr. Aber in der Fußwaschung sehen wir, von welcher Gestalt die Größe Gottes ist. Die ältesten Lieder der Bibel singen von der Größe Gottes, der die Zedern des Libanon zerschmettert, dessen Stimme Eichen emporwirbelt (Ps 29), der die Rosse und Wagen Pharaos ins Meer schleudert. Aber an Jesus erkennen wir, wohin das „Herz" Gottes drängt: Deus semper minor! „Gott läßt sich aus der Welt herausdrängen ans Kreuz, Gott ist ohnmächtig und schwach in der Welt, und gerade so ist er bei uns und hilft uns... Hier liegt der entscheidende Unterschied zu allen Religionen. Die Religiosität des Menschen weist ihn in seiner Not an die Macht Gottes in der Welt, die Bibel weist den Menschen an die Ohnmacht und das Leiden Gottes; nur der leidende Gott kann helfen" (Dietrich Bonhoeffer).

Der Geringe, Unansehnliche, Unauffindbare wird der Rettende!

Ob Gott, der Gott Jesu, nicht lieber bei den ganz Geringen ist? Bei denen, die kein Denkmal haben? Bei den Armseligen? Deus semper minor!

Ob es nicht mein Glück ist, daß Gott so ist?

Mit dem neuen Bild Gottes, das Jesus gebracht hat, hat er auch ein ganz neues Bild vom Menschen heraufgeführt. Er hat die Fundamente der Sklavenhaltergesellschaft erschüttert, er hat die Fundamente des Herrschaftsdenkens erschüttert. Er hat die Ohnmacht der Liebe zum Lebenszentrum der Welt werden lassen: So hat er die große Umwandlung (Re-volution) heraufgeführt. Die Fußwaschung ist das große Symbol dafür! (Vgl. J. Blank, Das Evangelium nach Johannes. Bd. 4/2, S. 41).

Er war Gott gleich,
hielt aber nicht daran fest, wie Gott zu sein,
sondern er entäußerte sich
und wurde wie ein Sklave
und den Menschen gleich.
Sein Leben war das eines Menschen;
er erniedrigte sich

und war gehorsam bis zum Tod,
bis zum Tod am Kreuz.
Darum hat ihn Gott über alle erhöht
und ihm den Namen verliehen,
der größer ist als alle Namen,
damit alle im Himmel, auf der Erde und unter der Erde
ihre Knie beugen vor dem Namen Jesu
und jeder Mund bekennt:
‚Jesus Christus ist der Herr' –
Zur Ehre Gottes, des Vaters. (Phil 2, 5–11)

Deus semper maior. Deus semper minor.

2. „Begreift ihr, was ich euch getan habe?" – Wir hören die Frage gerichtet an die Kirche unserer Zeit! In dem Buch „Kirche im Wandel" (eine kritische Zwischenbilanz nach dem II. Vaticanum) beginnt H. J. Pottmeyer das Vorwort zur deutschen Ausgabe mit dem Satz: „Wird das Zweite Vatikanische Konzil im nachhinein scheitern? Diese Frage stellt sich heute vielen Christen. Ist die spirituelle Kraft zu schwach, ist das Gewicht eingefahrener Abläufe und Institutionen zu schwer, um der Kirche als brüderliche Gemeinschaft, als communio, die das Konzil wiederentdeckte, zu Leben und Gestalt zu verhelfen?"

Ob die Erneuerung der spirituellen Kraft in der Kirche von heute nicht zutiefst davon abhängt, wie sie die Frage Jesu bei der Fußwaschung versteht und lebt? Ob sie in ihrer Christusliebe die Glaubenskraft hat, sich selber loszulassen, zu entäußern, indem sie sich entschlossen auf die Seite der Armen, der armen Völker stellt?

Im Jahre 1962 schrieb Johannes XXIII. das Wort: „Die Kirche stellt sich so dar, wie sie ist und sein will: die Kirche aller und besonders die Kirche der Armen." Und Kardinal Lercaro von Bologna sagte auf dem Konzil: „Wenn die Kirche wirklich, wie man so oft gesagt hat, das Thema dieses Konzils ist, kann man in voller Übereinstimmung mit der ewigen Wahrheit des Evangeliums und gleichzeitig in voller Übereinstimmung mit der gegenwärtigen Situation behaupten: Das Thema dieses Konzils ist die Kirche, insofern sie vor allem die Kirche der Armen ist!"

Seit diesen Worten hat sich das Bewußtsein der Kirche weiter gewandelt. Ob nicht im Hinhören auf die Frage Jesu bei der Fußwaschung „Begreift ihr...?" eine Kirche, die bereit wäre, die den Mut hätte, unbeirrt im Sinne Jesu zu dienen; die bereit wäre, aus der ecclesia semper maior – wie sie das 19. Jahrhundert noch gesehen hat – eine ecclesia semper minor zu werden, eine Kirche der „Karriere nach unten" (Heinz Schürmann); ja die den Mut hätte, sogar unterzugehen, wenn ihr im Dienst an den Menschen jede Macht entzogen würde; die bereit wäre, sterbendes Weizenkorn zu sein – ob sie nicht darin ihr Ostern erfahren würde?

GEBET

Herr, du fragst uns, du fragst mich: Begreift ihr, begreifst du, was ich euch getan habe? Und ich muß zur Antwort geben: Ich begreife es nicht. Ich schaue auf das Kreuz und sehe deinen Todesdienst für uns alle – wie sollte ich das begreifen können? Und doch erwartest du, daß ich begreife. Du erwartest nicht, daß ich es mit meinem Verstand begreife, sondern mit dem Herzen. Und daß ich meine Antwort gebe auf deine Erwartung: „Ich habe euch ein Beispiel gegeben, damit auch ihr tut, wie ich an euch getan habe."

Ich weiß, was in mir dem Begreifen deines Tuns entgegensteht: Ich will mich behaupten, ich will mich nicht beugen. Ich will Macht haben. Es versteckt sich in vielerlei Weisen, aber es ist unaufhörlich da: Ansehen haben wollen, groß sein wollen...

Herr, verwandle mich durch deine unbegreifliche Demut. Ich sehne mich danach, einbeschlossen zu sein in deine Verheißung: „Selig seid ihr, wenn ihr danach handelt."

13

Könnt ihr den Kelch trinken, den ich trinke?

Mk 10, 38 in 10, 35–45

³⁵ Da traten Jakobus und Johannes, die Söhne des Zebedäus, zu ihm und sagten: Meister, wir möchten, daß du uns eine Bitte erfüllst. ³⁶ Er antwortete: Was soll ich für euch tun? ³⁷ Sie sagten zu ihm: Laß in deinem Reich einen von uns rechts und den andern links neben dir sitzen. ³⁸ Jesus erwiderte: Ihr wißt nicht, um was ihr bittet. Könnt ihr den Kelch trinken, den ich trinke, oder die Taufe auf euch nehmen, mit der ich getauft werde? ³⁹ Sie antworteten: Wir können es. Da sagte Jesus zu ihnen: Ihr werdet den Kelch trinken, den ich trinke, und die Taufe empfangen, mit der ich getauft werde. ⁴⁰ Doch den Platz zu meiner Rechten und zu meiner Linken habe nicht ich zu vergeben; dort werden die sitzen, für die diese Plätze bestimmt sind.

⁴¹ Als die zehn anderen Jünger das hörten, wurden sie sehr ärgerlich über Jakobus und Johannes. ⁴² Da rief Jesus sie zu sich und sagte: Ihr wißt, daß die, die als Herrscher gelten, ihre Völker unterdrücken und die Mächtigen ihre Macht über die Menschen mißbrauchen. ⁴³ Bei euch aber soll es nicht so sein, sondern wer bei euch groß sein will, der soll euer Diener sein, ⁴⁴ und wer bei euch der Erste sein will, soll der Sklave aller sein. ⁴⁵ Denn auch der Menschensohn ist nicht gekommen, um sich dienen zu lassen, sondern um zu dienen und sein Leben hinzugeben als Lösegeld für viele.

ZUR PERIKOPE

Man kann in Versuchung sein, den Abschnitt mit Vers 40 abzuschließen. Aber die folgenden Verse 41–45 sind als Auslegung unbedingt hinzuzunehmen.

„Während sie auf dem Weg hinauf nach Jerusalem waren, ging Jesus voraus", so beginnt der Abschnitt. Auf diesem Weg spricht Jesus zu den Zwölfen „und kündigte ihnen an, was bevorstand" (V. 32). Aber die Zwölf begreifen nicht. Sie erwarten offenbar, daß in Jerusalem die Königsherrschaft Gottes durch Jesus offenbar wird. Ausdrücklich sagt das Lukasevangelium: „Weil Jesus schon nahe bei Jerusalem war, meinten die Menschen, das Reich Gottes werde sofort erscheinen" (Lk 19,11). Aus dieser intensiven und gespannten Gestimmtheit kommt die Bitte der beiden Zebedäussöhne. Diese beiden hatten von Jesus den Beinamen „Donnersöhne" bekommen (Mk 3,17). Es sind offenbar noch junge Menschen von starker und impulsiver Spontaneität. Als den Jüngern auf dem Weg mit Jesus einmal ein samaritanisches Dorf ihnen keine Unterkunft gewähren wollte, bestürmten die beiden Jesus: „Herr, sollen wir befehlen, daß Feuer vom Himmel fällt und sie vernichtet?" (Lk 19,54).

Jetzt wollen sie, fast wie Kinder es bei ihren Eltern tun, daß Jesus ihnen die Erfüllung ihrer Bitte zusage, ohne daß er den Inhalt ihrer Bitte kennt. Bei aller unerleuchteten Ichbezogenheit, die in ihrer Bitte liegt – sie wollen sich vorversichern vor den anderen – spricht dennoch aus ihr eine begeisterte Verbundenheit mit Jesus und ein ungebrochenes Vertrauen auf seine messianische Zukunft.

„Laß in deinem Reich einen von uns rechts und den anderen links neben dir sitzen", die Ehrenplätze beim kommenden Gericht über Israel. Unwillkürlich werden wir erinnert an den ähnlichen Wortlaut fünf Kapitel weiter: „Zusammen mit ihm kreuzigten sie zwei Räuber, den einen rechts von ihm, den anderen links" (Mk 15,27).

Und da steht diese Frage Jesu als die große, schmerzliche Korrektur ihres Denkens: „Ihr wißt nicht, um was ihr bittet. Könnt ihr den Kelch trinken, den ich trinke, oder die Taufe auf euch nehmen, mit der ich getauft werde?" Könnt ihr meinen Leidens- und Todesweg mitgehen?

Das Bild vom Kelch oder Becher ist den Jüngern bekannt vom Alten Testament her. An vielen Stellen erscheint dieses Bild vom Becher, dessen Trank, von Gott gemischt, den Menschen oder Völkern gereicht wird: „Jerusalem, du hast aus dem Becher des Zornes getrunken, den der Herr in der Hand hielt" (Jes 51,17). „Ja, in der Hand des Herrn ist ein Becher; herben, gärenden Wein reicht er dar" (Ps 75,9). Aber dennoch verbirgt sich in dieser Jesusfrage die sichere Hoffnung auf die Herrlichkeit, denn er sagt: „Den Platz zu meiner Rechten und zu meiner Linken habe nicht ich zu vergeben, dort werden die sitzen, für die diese Plätze bestimmt sind": Er wird den Sitz der Herrlichkeit einmal einnehmen!

Die selbstsichere Antwort: „Wir können es", wird von Jesus nicht zurückgewiesen. Er wird sie beim Wort nehmen. Jakobus ist ein Jahrzehnt nach Jesu Kreuzigung von Herodes Agrippa I. mit dem Schwert hingerichtet worden (Apg 12, 2).

Die Verse 41–45 sind große Jüngerunterweisung. „Da rief Jesus sie zu sich", ein gebieterisches Rufen wie aus starker Erregtheit. Es geht um das „Grundgesetz" der Jüngerschaft: nicht herrschen, sondern dienen! Dreimal steht in diesem kurzen Abschnitt „bei euch": Ihr sollt radikal anders leben als die Mächtigen der Welt, ihr sollt radikal „Kontrastgesellschaft", „Alternativgesellschaft" sein. Ihr sollt vom Menschensohn das große Wagnis, das Abenteuer des Dienens lernen, das große Verwandlungswagnis.

Diese Worte stehen auf dem Höhepunkt des Markusevangeliums. „Daß Abendmahlstradition und Abendmahlsfeier auf die Bildung von V 45 eingewirkt haben, ist eine unumgängliche Annahme" (Rudolf Pesch). Der Menschensohn, der Richter der Endzeit, wird zum Diener aller!

Wenn man bedenkt, daß zur frühen Christengemeinde viele Sklaven gehörten und daß diese in eine Tischgemeinschaft kamen, an der es keine Rangunterschiede mehr gab; daß es also hätte sein können, daß der Herr eines Sklaven nun seinen eigenen Sklaven bediente – dann kann man ermessen, welche „Revolution" diese Worte und das Lebens- und Todesbeispiel Jesu bewirkt haben.

Mit Traurigkeit denken wir an den späteren Verlauf der Kirchengeschichte, an die Päpste mit der dreifachen Krone, an die „Fürstbischöfe". Es ist tröstlich, zu wissen, daß in dieser Kirchengeschichte des Herrschens ungezählte Heilige, ungezählte namenlose Heilige eine andere, verborgene Kirchengeschichte gelebt haben, die von den Augen des Gekreuzigten und Erhöhten für die Ewigkeit angeschaut wird.

ZUR BESINNUNG AUF DIE JESUSFRAGE

1. Es gibt in uns die naturhafte Neigung, den Christenweg zu verkürzen: das Leidvolle, Schwere zu umgehen, zu überspringen. Die Frage Jesu erinnert uns daran. Ich schaue meinen Weg zurück und versuche Wegstellen zu entdecken, wo ich dem zugewiesenen Leid, der Last des Auftrags ausgewichen bin, wo ich gesündigt habe „durch Abschüttelung des Joches" (jüdisches Wort der Gewissenserforschung).

2. Wenn der Jüngerweg darin besteht, das eigene Leben mit dem Leben Jesu zu verflechten, dann darf das „der nehme sein Kreuz täglich auf sich" nicht ausgelassen werden. Ich versuche erneut, das Auge und das Herz zu bereiten, in meinem jetzigen Leben den konkreten Anruf zu dieser Gemeinsamkeit mit Jesus wahrzunehmen. Kann ich seinen Kelch mittrinken? In meinem Alltag?

3. Gebet um die Hochgemutheit, das Wort „Wir

können es" zu wagen; im Vertrauen darauf, daß der Herr uns beim Wort nimmt und uns die Kraft gibt, unser Versprechen einzulösen.

Die Jünger sagen ihre Bitte und ihr Versprechen nicht nur aus Selbstsucht, sondern weil sie auf Jesus schauen, ihn in Begeisterung lieben, an ihn glauben, ihm nahe sein möchten. In dem Maße, in welchem ich so auf Jesus schaue, darf ich das „wir können es" als Antwort auf die Frage Jesu wagen; werde ich die Erfahrung machen, daß das „Ich biete mich an" sich wandelt in ein „ich werde genommen".

ICH BEGEGNE DEM EVANGELIUM

In der Frage Jesu liegt für uns eine große Zu-Mutung! Liegt *die Einladung und Hoffnung Jesu, daß wir seinen Weg mitgehen.* Liegt das Angebot, unser Leben fruchtbar einzubeziehen in seinen Weg der Erlösung.

GEBET

Herr, du fragst mich: Kannst du den Kelch trinken, den ich trinke? Ich wage es nicht, die Antwort der Jünger zu geben: Ich kann es. Ich sehne mich aus der Tiefe meines Herzens danach, Anteil zu gewinnen an deiner Herrlichkeit. Aber ich schaudere davor zurück, wenn ich bedenke, was in deiner Frage einbeschlossen ist: der Weg des Kreuzes. Und so kann ich als Antwort deiner Frage nur die Bitte sagen – und schon diese Bitte empfinde ich als Wagnis –: Gib mir deine Kraft, die Gemeinschaft mit deinem Leiden (Phil 3, 10) nicht zurückzuweisen.

EIN AUSBLICK

Aus einer Predigt von Kardinal John Henry Newman (1801–1890) mit dem Titel „Die Wagnisse des Glaubens" (in: Pfarr- und Volkspredigten, 4. Band, Stuttgart 1952):

„Sie sprachen zu ihm: Wir können es". Diese Worte der heiligen Apostel Jakobus und Johannes waren die Antwort auf eine sehr gewichtige Frage, die ihr göttlicher Meister an sie gestellt hatte. Sie begehrten, aus edlem Ehrgeiz, der freilich bis dahin noch unbewandert war in der höchsten Weisheit und noch nicht unterrichtet in der heiligsten Wahrheit – sie begehrten, an seiner Seite auf dem Thron seiner Herrlichkeit zu sitzen. Sie wollten sich mit nichts Geringerem begnügen als mit jener besonderen Gabe, die er seinen Erwählten zu gewähren gekommen war, die er bald darauf durch seinen Tod für sie erkaufte und die er auch uns anbietet. Sie bitten um die Gabe des ewigen Lebens; und er gab ihnen zur Antwort, nicht daß sie es erhalten würden (obwohl es ihnen tatsächlich zugedacht war), sondern er erinnerte sie daran, was sie dafür wagen müßten. „Könnt ihr den Kelch trinken, den ich trinke, und euch mit der Taufe taufen lassen, womit ich getauft werde? Sie sprachen zu ihm: Wir können es." Hier wird uns also eine große Lehre eingeprägt, daß nämlich unsere Christenpflicht darin besteht, für das ewige Leben etwas zu wagen. Keiner von uns weiß mit Sicherheit, daß er ausharren wird; aber jeder von uns muß, um überhaupt für sich die Möglichkeit eines Erfolges zu haben, ein Wagnis setzen. Auf den einzelnen gesehen, ist es also ganz wahr, daß jeder von uns für den Himmel sicher etwas wagen muß, jedoch ohne die Gewißheit zu haben, dadurch zum Erfolg zu kommen. Das gerade ist ja die Bedeutung des Wortes „Wagnis", denn das wäre ein sonderbares Wagnis, das nichts von Angst, Einsatz, Gefahr, Befürchtung, Ungewißheit in sich trüge. Ja, so ist es in der Tat; und darin liegt der Vorzug und der Adel des Glaubens.

Mit ihrem Wort erheben die jugendlichen Apostel mit einer naiven, aber hochgemuten Einfalt den Anspruch auf denselben Glauben. So wenig sie sich dessen, was sie sagten, in seiner Tragweite bewußt waren, so waren ihre Worte doch immerhin der Ausdruck ihres Herzensgeheimnisses, die Ankündigung ihres zukünftigen Verhaltens. Sie sprachen zu ihm: „Wir können es." Sie verbürgen sich gewissermaßen, ohne es zu merken, und werden von einem, der mächtiger ist als sie, beim Wort genommen und sozusagen durch List seine Gefangenen. Aber fürwahr, ihr unvoreingenommenes Versprechen war dennoch von Herzen gekommen, obschon sie nicht wußten, was sie versprachen. Und so wurde es angenommen.

Ist also der Glaube das Wesen eines christlichen Lebens, dann ergibt sich daraus für uns die Pflicht, auf Christi Wort hin das, was wir haben, aufs Spiel zu setzen für das, was wir nicht haben. Das aber heißt, es auf noble und großherzige Weise zu tun, zwar fürwahr nicht unüberlegt oder leichtfertig, jedoch ohne genau zu wissen, was wir tun, ohne zu wissen, was wir aufgeben oder was wir hinwiederum dabei gewinnen; im Ungewissen gelassen über unseren Lohn, im Ungewissen über die Größe unseres Opfers, in jeder Hinsicht auf ihn uns verlassend und auf ihn wartend; darauf vertrauend, daß er seine Verheißung erfüllen werde, vertrauend, daß er uns zur Einlösung unseres Versprechens befähige, und so in jeder Hinsicht weiterschreitend, ohne Sorge oder Befürchtung für die Zukunft.

Edelmütige Herzen wie Jakobus, Johannes, Petrus ergehen sich oft zum voraus in großzügigen und zuversichtlichen Worten bezüglich alles dessen, was sie für Christus tun wollen, und sind dabei nicht unlauter, jedoch unwissend; und ob ihrer Lauterkeit werden sie als Lohn beim Wort genommen, obwohl sie werden erfahren müssen, wie ernst dieses Wort ist. „Sie sprachen zu ihm: Wir können es", und ihr Gelöbnis wird im Himmel zur Kenntnis genommen.

Sie wissen nicht, wohin es sie verschlägt; sie sehen das Ende des Weges nicht ab; sie wissen nur, daß ihr jetziges Tun richtig ist; und sie vernehmen im Innern ein Flüstern, das sie gleich den beiden Apostelbrüdern versichert, daß sie allen Folgen, die sich aus ihrem jetzigen Verhalten für die Zukunft ergeben, mit Gottes Gnade gewachsen sein werden.

Diese begnadeten Apostel sagten: „Wir können es"; und wahrhaftig, sie wurden instand gesetzt, zu tun und zu leiden, was sie sagten.

Wie bitter, daß wir, meine Brüder, nicht mehr diesen hohen und überirdischen Geist besitzen! Wie kommt es, daß wir mit dem Zustand der Dinge so zufrieden sind – daß wir es so gern haben, in Ruhe gelassen zu werden und das Leben zu genießen, – daß wir so viel Entschuldigungen haben, wenn einer uns von der Notwendigkeit, zu Höherem aufzusteigen, überzeugen will, von der Pflicht, unser Kreuz zu tragen, sofern wir die Krone unseres Herrn Jesus Christus erlangen wollen?

Ich wiederhole: welches sind unsere Wagnisse und Einsätze auf die Wahrheit Seines Wortes hin?

14

Konntest du
nicht eine Stunde wachen?

Mk 14, 37 in 14, 32–42

³² Und sie kommen zu einem Landgut, des Namens Getsemani. Und er sagt seinen Jüngern: „Setzt euch hier, bis ich gebetet habe." ³³ Und er nimmt den Petrus und den Johannes und den Jakobus mit sich. Und er fing an, zu erschaudern und zu zagen. ³⁴ Und er sagt ihnen: „Betrübt ist meine Seele zu Tode. Bleibt hier und wacht!" ³⁵ Und ein wenig weitergegangen, fiel er auf die Erde und betete, daß, wenn es möglich sei, die Stunde an ihm vorübergehe. ³⁶ Und er sagte: „Abba, Vater, alles ist dir möglich! Führ diesen Becher an mir vorüber; doch nicht, was ich will, sondern was du (willst)!" ³⁷ Und er kommt und findet sie schlafend und sagt dem Petrus: „Simon, du schläfst? Vermochtest du nicht, eine Stunde zu wachen? ³⁸ Wacht und betet, daß ihr nicht in Versuchung kommt! Der Geist zwar ist willig, das Fleisch aber schwach." ³⁹ Und wiederum fortgegangen, betete er, indem er dasselbe Wort sprach. ⁴⁰ Und wiederum gekommen, fand er sie schlafend. Ihre Augen waren nämlich schwer. Und sie wußten nicht, was sie ihm antworten sollten. ⁴¹ Und er kommt zum drittenmal und sagt ihnen: „Ihr schlaft weiter und ruht euch aus? Es ist genug. Die Stunde ist gekommen. Siehe, der Menschensohn wird ausgeliefert in die Hände der Sünder. ⁴² Steht auf! Gehen wir! Siehe, der mich ausliefert, ist nahe." *Übersetzung Rudolf Pesch*

ZUR PERIKOPE

Die letzte Nacht Jesu ist gekommen. Er hat sie nach dem Paschamahl ganz durchwacht. Zweimal in diesem Abschnitt bittet Jesus die auserwählten drei Jünger Petrus, Jakobus und Johannes – die Zeugen seiner Verklärung auf dem Berge, jetzt Zeugen seines Erschauderns und seiner Todesangst! – zu wachen. „Betrübt ist meine Seele zu Tode. Bleibt hier und wacht." Und dann, zuerst zu Petrus (einige Stunden vorher noch hatte Petrus gesagt: „Auch wenn alle an dir Anstoß nehmen – ich nicht! Und wenn ich mit dir sterben müßte!"): „Konntest du nicht eine Stunde wachen?" Und dann zu allen: „Wacht und betet!" Dreimal kommt Jesus aus seiner Todtraurigkeit zu den Jüngern und findet sie nichtwachend. Über der Erzählung liegt eine große innere Spannung. Das überwache „Und er begann, sich zu entsetzen und zu ängstigen" Jesu, des Gottesknechtes, und die schlafenden Jünger! „Wer Jesus ist, versteht man erst dann, wenn man von Getsemani Kenntnis nimmt" (Joachim Gnilka).

„Er fiel auf die Erde und betete": äußerste Gebetsgebärde! Wir müssen an ein lautes Beten Jesu denken. Es gibt ein Gebet, das ist wie ein Ringen mit Gott auf Leben und Tod! Wie der Kampf Jakobs mit Gott. Oder ist es ein Ringen mit sich selber, um in sich auf den Grund zu kommen, wo Gott ist? Auf den Grund des Willens Gottes?

Jesus ruft an mit dem aramäischen Abba-Wort: ureigenes Gottesverhältnis Jesu. Er spricht Gott an mit dem vertrauten Vaternamen, mit dem damals ein Kind den Vater in der Familie anredete. (Kein Jude wagte es, Gott so anzusprechen; man kannte als Vateranrede Gottes das hebräische abi oder abinu, nie das familiäre aramäische Abba. Er weiß, daß das Bevorstehende nicht blindes Schicksal ist, sondern Schickung von Gott her: „Dein Wille geschehe ...!" Bis zu seinem Tod am Kreuz wird er nicht von diesem Vaternamen lassen.

Und dann ist da die Frage Jesu an Petrus: „Konntest du nicht eine Stunde wachen?" Bei Matthäus ist hinzugefügt: „mit mir"! (Mt 26, 40). Wir erfahren, daß das Beten die Weise des Wachens ist. Des Wachens, das uns in der großen Versuchung standhalten läßt, der Versuchung, in der Bedrängnis sich von Christus zu trennen, in der Dunkelheit den Glauben an das „Vater unser" zu verlieren und so ratlos und verständnislos zu werden: „Sie wußten nicht, was sie antworteten."

Als Jesus sie beim dritten Mal wieder schlafend findet, sagt er: „Ihr schlaft weiter und ruht euch aus?" Man kann dieses Wort im Griechischen auch als Aussage lesen: „Ihr schlaft weiter und ruht euch aus!" Was ist das im Munde Jesu?

„Die Stunde ist gekommen": *die* Stunde der Menschheitsgeschichte, die Stunde der Erhöhung des Gottesknechtes, die durch die tiefste Erniedrigung geht. In *Freiheit* geht Jesus in diese Stunde hinein. Alleingelassen in der Verständnislosigkeit seiner Jünger. „Der Menschensohn wird ausgeliefert in die Hände der Sünder": In der passiven Form dürfen wir vielleicht den verborgenen Gottesnamen ahnen: Gott ist es, der diese Stunde mit seinem unausdenkbaren Ratschluß umschließt.

„Steht auf! Gehen wir!" Gehen sie mit? Wie weit gehen sie mit? Gehen wir mit?

Die tiefe Einsamkeit Jesu. Dreifach, immer deutlicher erfährt er dieses Alleingelassensein. „Und er fing an, zu erschaudern und zu zagen." Das griechische Wort für „zagen" kann möglicherweise in seiner Urbedeutung heißen: „Vom Volk getrennt sein", „einsam sein". Am Kreuz wird diese Einsamkeit ihre äußerste Gestalt erfahren: „Gott, mein Gott, warum hast du mich verlassen?"

Ob es je noch einmal in der Menschengeschichte ein solches Beten gegeben hat wie dieses Beten Jesu zum Vater in dieser Stunde? Hat Gott geschwiegen? Ist der Schlaf der Jünger bei diesem Beten Jesu ein Zeichen, daß Gott geschwiegen hat? Wie hätte Jesus dann nachher sagen können: „Die Stunde ist da!"? Es gibt ein Beten, das auf der äußersten Grenze geschieht, in der Todes-Lebenszone Gottes, äußerstes Entscheidungsgebet. „Das Alte Testament hat verwandte Beispiele: Abraham steigt mit Isaak zur Opferstätte Zion hinauf, seinen begleitenden Knechten gibt er den gleichen Auftrag wie hier Jesus den übrigen Jüngern: Setzt euch hierher und wenn wir angebetet haben... (Gen 22, 5). Mose steigt allein zum Sinai empor, die Ältesten bleiben am Fuße; der Hohepriester geht allein die Stufen zum Heiligsten hinauf, seine Begleiter bleiben vor dem Vorhang..." (Ernst Lohmeyer).

Das „erschaudern und zagen", das „betrübt zu Tode" ist mehr als das Zurückschrecken vor der leiblichen Todesnot. Es hat etwas zu tun mit dem unausdenkbaren Mysterium Gottes, dem Mysterium der Sünde, des Leids, der Erlösung. Ein Erschaudern vor dem Geheimnis Gottes. Gott geht in Jesus in die Abgründe der Todesnot, in die Abgründe von Schuld und Leid. Gottes eigene Nähe in den Folterkammern der Welt.

ZUR BESINNUNG AUF DIE FRAGE JESU

1. Was bedeutet für mich die Frage und Klage Jesu: „Konntest du nicht eine Stunde wachen?"

2. Von den Jüngern heißt es: „Sie wußten nicht, was sie ihm antworten sollten." Was antworte ich ihm?

3. Jesus sagte: „Der Geist ist zwar willig, das Fleisch ist schwach." Was ist bei mir dieses, was in dem Wort Jesu mit „Fleisch" gemeint ist und was mein Wachen gefährdet?

4. Kenne ich das durchhaltende tägliche Exerzitium des persönlichen Gebetes, das nicht nur in meine Innerlichkeit geht, sondern offen ist für die Zeit („wachen")?

5. Jesus fordert die drei Jünger auf, zu wachen, damit sie ihm in seiner Not nahe sind und Zeugen seiner Passion sind, so wie sie Zeugen seiner

Verklärung waren. Gibt es diesen Sinn des Wachens auch heute noch, und worin könnte ich diesen Sinn sehen? Aber Jesus fordert die Jünger auch auf zu wachen um ihrer selbst willen: „daß ihr nicht in Versuchung kommt".

6. „Konntest du nicht *eine Stunde* wachen?" Es gibt Stunden, in denen das Wachen als dringende Erwartung Jesu mehr als zu anderen Stunden notwendig ist. Gab es solche Stunden in meinem Leben?

7. Ein jüdischer Mischnatext denkt darüber nach, was es bedeutet, wenn einer bei der Feier des Paschamahles einschläft. Und er meint, daß durch dieses Einschlafen die Paschagemeinschaft auseinanderbreche und für diesen Nichtwachenden aufhöre. („Eine Nacht des Wachens war es für den Herrn, als er sie aus Ägypten herausführte. Als eine Nacht des Wachens zur Ehre des Herrn gilt sie den Israeliten in allen Generationen", Ex 12, 42.) Haben die Jünger, die gerade vorher das Abendmahl mit dem Herrn gefeiert haben, durch ihr Einschlafen die Gemeinschaft mit ihm auseinanderbrechen lassen? Muß die Eucharistiefeier nicht sich auswirken in einem Wachen und Beten auf dem Exodusweg der Christen durch die Welt? Worin zeigt sich in meinem Leben etwas von der durchgehaltenen Einheit von Eucharistie und Wachen und Beten?

8. Es scheint ein Kennzeichen unserer Zeit zu sein, daß eine allgemeine, kaum bewußt gemachte religiöse Grundhaltung erhalten bleibt, aber ohne konkrete Glaubensinhalte (Dogmen, Sakramente). Ob

das die Versuchung unserer Zeit ist? Darin liegt eine furchtbare Gefahr: Das Gebet hört auf, der Sinn für Erlösung schwindet. Der Mensch weiß nicht mehr, daß er aus der Gnade lebt. („Sie wußten nicht, was sie ihm antworten sollten".) In solcher Zeit erhält das „Wachet und betet" für die Jünger Jesu eine unerhörte Dringlichkeit. Bin ich mir dessen bewußt?

9. „Ihre Augen waren nämlich schwer." Das griechische Wort heißt: durch Schwere niedergedrückt (gravati übersetzt der lateinische Text). Es ist, als hätte sich eine dunkle Macht schwer auf sie gelegt. Gibt es solchen dumpfmachenden „Tiefdruck" in unserer Zeitatmosphäre?

ICH BEGEGNE DEM EVANGELIUM

In der Frage Jesu: „Konntest du nicht eine Stunde wachen" und in dem bei Matthäus hinzugefügten „mit mir" verbirgt sich ein Evangelium. Auf dem Weg des Menschensohnes durch die Schuld- und Leidensgeschichte der Menschen ruft Jesus einzelne in die Schicksalsgemeinschaft mit ihm. Bezieht er sie ein in den Widerstand gegen die große Versuchung, die Stunde Gottes zu verschlafen. Bezieht er sie ein in den Auftrag der stellvertretenden Wachsamkeit für die rettende Stunde Gottes. Darin liegt Evangelium.

Ich höre sein Wort: Wacht mit mir!

EIN AUSBLICK

Silja Walter, eine Benediktinerin, hat ein Gebet geschrieben, dem sie die Überschrift gibt: „Gebet des Klosters am Rande der Stadt". Wir könnten ihm auch die Überschrift geben: Gebet der Christen mitten in der säkularisierten Welt:

> Jemand muß zuhause sein,
>> Herr,
>> wenn du kommst.
>> Jemand muß dich erwarten,
>> unten am Fluß
>> vor der Stadt.
>> Jemand muß nach dir Ausschau
>> halten
>> Tag und Nacht.
>
> Wer weiß denn, wann du kommst.
>
> Herr,
>> jemand muß dich kommen sehen
>> durch die Gitter
>> seines Hauses,
>> durch die Gitter.
>> Durch die Gitter deiner Worte,
>> deiner Werke,
>> durch die Gitter der Geschichte,
>> durch die Gitter des Geschehens
>> immer jetzt und heute
>> in der Welt.
>
> Jemand muß wachen
>> unten an der Brücke,
>> um deine Ankunft zu melden,

Herr,
du kommst ja doch in der Nacht
wie ein Dieb.

Wachen ist unser Dienst,
wachen.
Auch für die Welt.
Sie ist oft so leichtsinnig,
läuft draußen herum,
und nachts ist sie auch nicht
zuhause.
Denkt sie daran,
daß du kommst?

Daß du ihr Herr bist
und sicher kommst?

Jemand muß es glauben,
zuhause sein um Mitternacht,
um dir das Tor zu öffnen,
und dich einzulassen,
wo du immer kommst.
Herr,
durch meine Zellentüre
kommst du in die Welt
und durch mein Herz
zum Menschen.
Was glaubst du, täten wir sonst?

Wir bleiben, weil wir glauben.
Zu glauben und zu bleiben
sind wir da, –
draußen
am Rand der Stadt.

Herr,
   und jemand muß dich aushalten,
   dich ertragen,
   ohne davonzulaufen.
   Deine Abwesenheit aushalten,
   ohne an deinem Kommen
   zu zweifeln.
   Dein Schweigen aushalten
   und trotzdem singen.
   Dein Leiden, deinen Tod mitaushalten
   und daraus leben.
   Das muß immer jemand tun
   mit allen andern.
   Und für sie.

Und jemand muß singen,
   Herr,
   wenn du kommst,
   das ist unser Dienst:
   Dich kommen sehen und singen.
   Weil du Gott bist.
   Weil du die großen Werke tust,
   die keiner wirkt als du.
   Und weil du herrlich bist
   und wunderbar wie keiner.

Komm, Herr!
   Hinter unsern Mauern
   unten am Fluß
   wartet die Stadt
   auf dich.

Amen.

15

Als ich euch
ohne Geldbeutel aussandte,
ohne Vorratstasche
und ohne Schuhe,
habt ihr da
an etwas Mangel gelitten?

Lk 22, 35 in 22, 35–38

³⁵ Dann sagte Jesus zu ihnen: Als ich euch ohne Geldbeutel aussandte, ohne Vorratstasche und ohne Schuhe, habt ihr da an etwas Mangel gelitten? Sie antworteten: Nein. ³⁶ Da sagte er: Jetzt aber soll der, der einen Geldbeutel hat, ihn mitnehmen, und ebenso die Tasche. Wer aber kein Geld hat, soll seinen Mantel verkaufen und sich dafür ein Schwert kaufen. ³⁷ Ich sage euch: An mir muß sich das Schriftwort erfüllen: Er wurde zu den Verbrechern gerechnet. Denn alles, was über mich gesagt ist, geht in Erfüllung. ³⁸ Da sagten sie: Herr, hier sind zwei Schwerter. Er erwiderte: Genug davon!

ZUR PERIKOPE

Die Frage Jesu ist gesprochen beim letzten Mahle mit dem großen „Mein Leib, für euch dahingegeben". Unmittelbar danach beginnt der Weg in die Passion: „Und er ging hinaus und wanderte nach seiner Gewohnheit auf den Ölberg."

Jesus läßt die Jünger zurückschauen. Sie hatten mit ihm das „Heilsjahr" erfahren, das Jesus am Anfang in der Synagoge von Nazaret ausgerufen hatte. Das war die Zeit, von der sein Wort galt: „Können denn die Hochzeitsgäste fasten, solange der Bräutigam bei ihnen ist? Solange der Bräutigam bei ihnen ist, können sie nicht fasten" (Mk 2,19). Sie waren wie von einer Woge von Begeisterung hochgetragen: „Herr, sogar die Dämonen gehorchen uns, wenn wir deinen Namen aussprechen", so „berichten sie voll Freude" (Lk 10,17). Die Menschen strömten ihnen zu. Was bedeuteten da schon die Fragen um das Alltägliche: Essen, Kleidung, Unterkunft... „Sorgt euch nicht um euer Leben und darum, daß ihr etwas zu essen habt, noch um euren Leib und darum, daß ihr etwas anzuziehen habt" (Lk 12,22). Und: „Sorgt euch also nicht um morgen; denn der morgige Tag wird für sich selbst sorgen" (Mt 6,34). So galt es, das hatten sie selber erfahren. Sie erlebten die Gastfreundschaft, in der sie sich dem überlassen konnten, was der Herr ihnen gesagt hatte: „Eßt und trinkt, was man euch anbietet" (Lk 10,7). „Habt ihr da an etwas Mangel gelitten?" fragt Jesus sie. „Sie antworteten: Nein!"

Jetzt aber, so sagt Jesus ihnen, wird es anders. Jetzt schlägt es um. Jetzt gilt: „Es werden aber Tage kommen, da wird ihnen der Bräutigam genommen sein!" (Mk 2, 20). Die Krisisstunde bricht an: Stunde des Schwertes, Entscheidungszeit!

„Jetzt aber soll der, der einen Geldbeutel hat, ihn mitnehmen und ebenso die Tasche. Wer aber kein Geld hat, soll seinen Mantel verkaufen und sich dafür ein Schwert kaufen." Den Mantel – das ist damals zugleich die Schlafdecke! – verkaufen, um ein Schwert zu kaufen? Welch ein seltsames Wort im Munde Jesu! Wenige Zeilen später, als die Knechte des Hohen Rates Jesus verhaften wollen, verwehrt Jesus den Jüngern den Gebrauch des Schwertes.

Das Wort vom Schwert ist Bildwort: Jetzt ist bittere, lebensbedrohende Wende! Als die Jünger das Wort vom Schwert im buchstäblichen Sinne verstehen und zwei Schwerter bringen, bricht Jesus das Gespräch wie resignierend ab: „Es ist genug!" Sie verstehen ihn immer noch als kämpfenden Messias, nicht als leidenden. (Man hat darauf hingewiesen, wie verhängnisvoll das Mißverständnis von den zwei Schwertern sich in der späteren Kirchengeschichte in den Auseinandersetzungen zwischen Papsttum und Kaisertum ausgewirkt hat: Der Papst beanspruchte das Schwert der geistlichen und der politischen Macht!) Sie werden es noch erfahren müssen, daß Jesu Schwertwort bedeutet: Ihr werdet meinen Weg mit mir gehen müssen, den der Prophet Jesaja vom Gottesknecht voraussagt: „Er wurde zu den Verbrechern gerechnet" (Jes 53, 12).

Sie werden es noch erfahren müssen, was Jesus ihnen gesagt hatte: „Ihr werdet um meines Namen willen von allen gehaßt werden" (Lk 21,17).

Die dunkle Atmosphäre, die über diesem Zwiegespräch liegt, öffnet sich durch keinen Lichtblick.

„Als ich euch ohne Geldbeutel aussandte, ohne Vorratstasche und ohne Schuhe." Es taucht die Frage auf: Hat Jesus ein für allemal den totalen Besitzverzicht – den er mit der Nähe des Gottesreiches begründete – für seine Boten verlangt? Zweimal im Lukasevangelium, kurz hintereinander, stehen diese Worte: „Er sagte zu ihnen: Nehmt nichts mit auf den Weg, keinen Wanderstab und keine Vorratstasche, kein Brot, kein Geld, kein zweites Gewand" (9,3 und 10,4). Aber nun sagt Jesus, daß eine Zeit kommt, in der „sie sich ausrüsten müssen, um nicht zu verhungern" (J. Schmid). Aber in solcher Zeit sollen sie sich erinnern, wie das Vertrauen und die Nähe zu ihm sie getragen hat in ihrer Sorglosigkeit – und diese Sorglosigkeit aus dem Vertrauen, die sie einst erfahren haben, soll sie auch dann tragen, wenn sie sich für ihren Botenweg ausrüsten müssen, da sie nicht mehr auf offene Türen der Gastfreundschaft rechnen können, ja wenn Haß und Feindschaft ihnen entgegenschlägt. „Habt ihr damals an etwas Mangel gelitten? Nein, antworteten sie" – daran sollten sie sich in den Zeiten der Not erinnern.

Es gibt im Leben des Jüngers Zeiten, da wird er auf seinem Botenweg gleichsam getragen von der erlebten Nähe und „Ausstrahlung" des Herrn; da wird er im Loslassen aller Sorgen leicht in der Kraft Seines Geistes. Die Dinge der Lebenssicherung werden unwichtig, sie stellen sich immer wieder im rechten Augenblick wie von selber ein.

Aber dann gibt es Zeiten, „Schwertzeiten", in denen alles sich zuzieht. Man muß kämpfen, um durchzukommen. Zeiten, in denen der erfahrbare Erfolg aufhört, wo die Einsamkeit sich um den Jünger zusammenzieht, wo die Versuchung aufkommt, das Joch der Botschaft abzuschütteln.

Dann greift man nach Absicherungen, nach Mitteln und Medien, um doch noch mit den Gegenkräften konkurrieren zu können... Unmerklich verlagert sich das Vertrauen von Ihm weg auf die Absicherungen.

Und da fragt Jesus: Als ich euch aussandte ohne Absicherungen, als ihr ginget ganz im Vertrauen auf mich, alles freigebend; als ihr euch ganz von der Kraft meines Wortes tragen ließet: Habt ihr da etwa Not gelitten? Erinnert euch, und nehmt diese Erinnerung mit in die Zeit der Not und der Verlassenheit: So könnt ihr dennoch vertrauen!

ZUR BESINNUNG AUF DIE JESUSFRAGE

Er fragt *mich:* Als ich dich rief und aussandte und du dich wirklich *von mir* senden ließest und du den Zusammenhang mit mir bewahrtest – hast du Not gelitten? Hat dir etwas gefehlt? – Was antworte ich ihm?

Vielleicht werde ich ihm dieses oder jenes nennen, was mir gefehlt hat. Werde ich seinen Blick dabei ertragen? Hat mir gefehlt, was ich zum Leben brauche?

Nicht das Brot, sondern der Sinn!

Hat mir, als ich mich von ihm senden ließ, der *Lebens*sinn gefehlt? – Habe ich nicht mehr gewußt, wozu leben? Habe ich *diese* Lebensnot gehabt?

Vielleicht werde ich ihm sagen: Herr, mir hat ein Mensch gefehlt! Ein Mensch, mit dem ich ganz vertraut leben konnte. – Und hier stocke ich und suche nach einer Antwort. Und es löst sich nicht so, wie wenn es um eine Sache ginge. – Es ist gut, ihm diese Not zu sagen.

Vielleicht wird er mich fragen: Habe *ich* dir gefehlt?

Ja, vielleicht hat mir manchmal „etwas" gefehlt, habe ich an „etwas" Not gelitten. Dieses und jenes und sogar – was nicht mehr dieses und jenes ist – ein Mensch! Aber habe ich diese eigentliche letzte Lebensnot gelitten, in der das Ganze ohne Sinn wurde? Hat *er* mir gefehlt?

Im Ps 73 steht das Wort eines Glaubenden, eines wahrhaft frommen Beters, ein unerhörtes Wort: „Wenn ich nur dich habe, so frage ich nichts nach Himmel und Erde. Wenn mir auch Leib und Seele verschmachten, so bist du doch, Herr, allezeit meines Herzens Trost und Anteil."

Die Frage Jesu läßt die Jünger zurückschauen. Da gab es den wunderbaren Anfang: „Sie blieben jenen Tag bei ihm" (Joh 1,39). Ich schaue zurück bis an die Usprünge, an die hohen Zeiten des Bei-ihm-Seins: Hat euch da etwas gefehlt? Habt ihr da etwa Not gelitten?

Aber nun kommt eine Wende! „Er sagte ihnen: Jetzt aber...": Jüngerschaft im Zeichen der Passion! Im Zeichen der Not. Des „Schwertes".

Das „Nein" der Jünger kann durchstoßen werden wie von einem Schwertstoß.

Ich halte inne. Mein Christsein. Meine Jüngerschaft. Gibt es das: „Stelle dein Leben unter das Geheimnis des Kreuzes"? (Wort bei der Priesterweihe). Was ist das für mich? Habe ich mich dem entzogen?

In Hölderlins Hyperion las ich ein Wort, das Hyperion von Diotima sagt. Dabei ging mir durch den Sinn: Ob es Stunden in unserem Leben gibt, in denen wir ähnliches von Christus sagen dürfen?

„Und sieh! es ist so manches in mir untergegangen, und ich habe der Hoffnungen nicht viele mehr. Dein Bild mit seinem Himmelssinne hab ich noch, wie einen Hausgott aus dem Brande gerettet. Unser Leben, unsers ist noch unverletzt in mir. Sollt ich nun hingehen und auch dies begraben? Soll ich ruhelos und ohne Ziel hinaus, von einer Fremde in die andere? Hab ich darum lieben gelernt? O nein! du Erste und du Letzte! Mein warst du, du wirst die Meine bleiben!"[1]

---

[1] „Hölderlin nennt Diotima mit vielen Namen: Das Einzige, Heilige, Treue; Friede der Schönheit! Göttlicher Friede!; das Höchste; des Himmels Botin. In den späten Hymnen wird er für die Erscheinung Christi ähnliche Ausdrücke verwenden" (R. T. Stoll, Hölderlins Christushymnen).

IMPULSE ZUR BESINNUNG AUF DIE JESUSFRAGE

1. Ich lasse mein Leben mit ihm an meinem Auge vorüberziehen: Was danke ich ihm? („Wir danken dir, daß du uns berufen hast, vor dir zu stehen und dir zu dienen", Zweites Hochgebet).

2. Wenn er mir fehlte – „Habt ihr da an etwas Mangel gelitten?" –, wie wäre mein Leben dann?

3. Neues liebendes, vertrauendes Sichfestmachen bei ihm, um freier zu werden.

4. Die Frage Jesu im Blick auf die Kirche unserer Zeit.

„Als ich euch ohne Geldbeutel aussandte, ohne Vorratstasche und ohne Schuhe...": Sollte die Kirche unserer Zeit *so* von ihm ausgesandt werden? Wie kann dieses „ohne" heute verstanden werden? Kardinal Marty (Paris) sagte, wir müßten als „pilgernde Bürger leben, ohne Heimweh nach der Christenheit zu haben", d. h. ohne die Geborgenheit, die Sicherheit, die „Wohnlichkeit", die Stütze einer geschlossenen Christenheit zu haben, wie sie vom Mittelalter her noch bis in das 19. Jahrhundert hinein erlebt wurde. Die Kirche unserer Zeit ist nicht eine geschlossene, einheitliche, sondern eine pluralistische, ja zerrissene. Und sie erscheint in der säkularisierten Gesellschaft durchaus nicht mehr als die *eine* allein in Frage kommende religiöse Institution, sondern als eine neben anderen.

Ob die Kirche diese „Armut" zunächst einmal

annehmen muß? Eine Kirche, die mehr und mehr in eine säkularisierte Welt ausgesandt wird, ohne im Hintergrund die „feste Burg", die gesicherte Stadt zu haben? Nur noch gesichert in Ihm?

Und weiter: Wenn die Kirche arm, das heißt in Absetzung von sich selbst, zu den Armen geht, ob sie nicht von den Armen her dann das Evangelium immer wieder neu und tiefer verstehen wird? Ob die Armen die Kirche nicht neu unterweisen werden, was Jesus, was das Evangelium meint? Ob die Armen nicht die Wandlungsbereitschaft der Kirche immer wieder mit neuen Impulsen versehen werden?

Ob sie dann nicht die wunderbare Erfahrung machen kann, daß ihr im Grunde auf diesem ihrem Weg nichts gefehlt hat? Daß sie auf diesem Weg keine letzte Not gelitten hat?

ICH BEGEGNE DEM EVANGELIUM

Je mehr wir uns wahrhaft auf Jesus Christus einlassen, um so mehr werden wir die Erfahrung machen, daß wir im letzten keinen Mangel leiden.

Zugleich aber läßt er uns durch solche Erfahrung dahin reifen, an seiner Passion (Zeit des „Schwertes") Anteil zu gewinnen. Aber auch in der Not der Kreuzesteilnahme wird uns von ihm her das Letzte nicht fehlen: die österliche Verheißung!

Herr, wenn ich dich nur habe...!

EIN AUSBLICK

Wenn ich ihn nur habe,
Wenn er mein nur ist,
Wenn mein Herz bis hin zum Grabe
Seine Treue nie vergißt:
Weiß ich nichts von Leide,
Fühle nichts, als Andacht, Lieb' und Freude.

Wenn ich ihn nur habe,
Lass' ich alles gern,
Folg' an meinem Wanderstabe
Treugesinnt nur meinem Herrn;
Lasse still die Andern
Breite, lichte, volle Straßen wandern.

Wenn ich ihn nur habe,
Schlaf' ich fröhlich ein,
Ewig wird zu süßer Labe
Seines Herzens Fluth mir seyn,
Die mit sanftem Zwingen
Alles wird erweichen und durchdringen.

Wenn ich ihn nur habe,
Hab' ich auch die Welt;
Selig, wie ein Himmelsknabe,
Der der Jungfrau Schleyer hält.
Hingesenkt im Schauen
Kann mir vor dem Irdischen nicht grauen.

Wo ich ihn nur habe,
Ist mein Vaterland;
Und es fällt mir jede Gabe
Wie ein Erbteil in die Hand;
Längst vermißte Brüder
Find' ich nun in seinen Jüngern wieder.

Novalis (1772–1801)

GEBET

Herr, ich schaue den Weg zurück, den ich gegangen bin. Immer wenn ich ihn mit dir ging, wenn ich leicht und frei wurde in der Sicherheit deiner Nähe, im Vertrauen auf dich: Da gab es keinen letzten Mangel. Aber ich habe das „ohne" in deiner Frage nicht immer gelebt; ich habe vieles mitgenommen auf meinem Weg, womit ich mich absichern wollte, womit ich mein Leben selber reicher machen wollte: Dann spürte ich die Unzufriedenheit, spürte ich das „nie genug" in mir. Nach außen litt ich keinen Mangel, aber im Innern war die Leere, war die geheime Selbstanklage, dir nicht von Herzen zu vertrauen.

Und es gab Zeiten, da ging ich in deinem Dienst. Da kam etwas von deinem „Jetzt aber...", von der Bedrängnis, die du deinen Boten vorausgesagt hast. Und wenn du mich fragst im Blick auf solche Bedrängnis auf dem Weg, den du mich geschickt hast: Hast du da an etwas Mangel gelitten? – was antworte ich dir?

Ja, ich habe an mancherlei Mangel gelitten. Aber das Letzte, das Eigentliche hat mir nie gefehlt: Du hast mir nie gefehlt!

Herr, ich danke dir für deine Nähe. Ich danke dir, daß *du* mir nie gefehlt hast.

16

Meine Kinder,
habt ihr nicht etwas zu essen?

Joh 21, 5 in 21, 1–14

Danach offenbarte sich Jesus den Jüngern noch einmal. Es war am See von Tiberias, und er offenbarte sich in folgender Weise. ² Simon Petrus, Thomas, genannt Didymus (Zwilling), Natanael aus Kana in Galiläa, die Söhne des Zebedäus und zwei andere von seinen Jüngern waren zusammen. ³ Simon Petrus sagte zu ihnen: Ich gehe fischen. Sie sagten zu ihm: Wir kommen auch mit. Sie gingen hinaus und stiegen in das Boot. Aber in dieser Nacht fingen sie nichts. ⁴ Als es schon Morgen wurde, stand Jesus am Ufer. Doch die Jünger wußten nicht, daß es Jesus war. ⁵ Jesus sagte zu ihnen: Meine Kinder, habt ihr nicht etwas zu essen? Sie antworteten ihm: Nein. ⁶ Er aber sagte zu ihnen: Werft das Netz auf der rechten Seite des Bootes aus, und ihr werdet etwas fangen. Sie warfen das Netz aus, und konnten es nicht wieder einholen, so voller Fische war es. ⁷ Da sagte der Jünger, den Jesus liebte, zu Petrus: Es ist der Herr! Als Simon Petrus hörte, daß es der Herr sei, gürtete er sich das Obergewand um, weil er nackt war, und sprang in den See. ⁸ Dann kamen die anderen Jünger mit dem Boot – sie waren nämlich nicht weit vom Land entfernt, nur etwas zweihundert Ellen – und zogen das Netz mit den Fischen hinter sich her. ⁹ Als sie an Land gingen, sahen sie am Boden ein Kohlenfeuer und darauf Fisch und Brot. ¹⁰ Jesus sagte zu ihnen: Bringt von den Fischen, die ihr gerade gefangen habt. ¹¹ Da ging Simon Petrus und zog das Netz an Land. Es war mit hundertdreiundfünfzig großen Fischen gefüllt, und obwohl es so viele waren, zerriß das Netz nicht. ¹² Jesus sagte zu ihnen: Kommt her und eßt! Keiner von den Jüngern wagte ihn zu fragen: Wer bist du? Denn sie wußten, daß es der Herr war. ¹³ Jesus trat heran, nahm das Brot und gab es ihnen, ebenso den Fisch. ¹⁴ Dies war schon das dritte Mal, daß Jesus sich den Jüngern offenbarte, seit er von den Toten auferstanden war.

ZUR PERIKOPE[1]

Dieses Nachtragskapitel ist entstanden in einer nahen johanneischen Tradition. Das Evangelium war mit den letzten Versen des 20. Kapitels abgeschlossen worden: „Noch viele andere Zeichen, die in diesem Buch nicht aufgeschrieben sind, hat Jesus vor den Augen seiner Jünger getan. Diese aber sind aufgeschrieben, damit ihr glaubt, daß Jesus der Messias ist, der Sohn Gottes, und damit ihr durch den Glauben das Leben habt in seinem Namen." Wenn nach diesem Abschluß noch ein Kapitel angefügt wurde, werden wir nach dem Grund fragen müssen.

Das erste Wort dieses angefügten Kapitels gibt uns darüber schon Aufschluß: „Danach". Dieses Danach bezeichnet die Zeit der frühen Kirche, die Zeit der Gemeinde nach Ostern. Für sie ist dieser Nachtrag von höchster Bedeutung. Denn die „Weise" (V. 1), wie Christus hier erscheint, wird die Weise sein, wie er der Gemeinde „erscheint". Das Wunder des reichen Fischfanges, das Lukas im 5. Kapitel berichtet, wird hier als nachösterliches Ereignis ganz auf die Kirche, auf die Gemeinde hin ausgelegt. Ist dieses Nachtragskapitel in einer Gemeinde und für eine Gemeinde geschrieben worden, die von Resignation und von der Frage bedroht war: Hat es noch Sinn? Ist der Auferstandene uns noch nahe? Dann wäre dieses Kapitel für unsere Zeit von hoher Aktualität.

---

[1] Zu diesem Abschnitt verdanke ich starke Anregung einem Vortrag von Eugen Drewermann.

Es ist seltsam: Das Evangelium war im 20. Kapitel zu Ende gegangen mit dem großen Osterbericht, mit der Botschaft von der Auferstehung. Die Jünger hatten den Auferstandenen in ihrer Mitte erfahren, er hatte ihnen seine Hände und seine Seite gezeigt: Er ist wahrhaftig auferstanden! Und nun finden wir sie in dumpfer Rat- und Sinnlosigkeit. Statt österlicher Freude und Gewißheit Weg- und Ziellosigkeit. Wie in einer planlosen Beliebigkeit sagt Petrus: „Ich gehe fischen", so wie man halt in leerer Stunde irgend etwas tut, was man ebensogut auch lassen könnte. Ist das eine in der Gemeinde, in der Kirche aufkommende Grundstimmung?

Über dem ganzen Bericht liegt etwas seltsam Schwebendes, Undeutliches, Unrealistisches; mehr noch: Widersprüchliches. Ein Fremder, den sie nicht kennen, sagt ihnen, den erfahrenen Fischern, die Netze noch einmal auszuwerfen, und sie tun das Unsinnige. In der Nacht, in der günstigen Fangzeit, fangen sie nichts, am hellen Morgen füllen sich die Netze. Der Fremde fragt, ob sie etwas zu essen haben und schickt sie aus zum Fischfang, und als sie ans Ufer kommen, ist schon zu essen da! Sie sind ihm ganz vertraut nahe beim Mahl, und keiner wagt, ihn zu fragen.

Man wird nur dann Zugang zu diesem Evangelium gewinnen, wenn man sein „Sprachspiel" versteht: Es ist die Sprache des Symbolischen! Wenn wir es aber so hören, gewinnt es immer mehr an Tiefe und Bedeutung.

Es beginnt mit der Nennung von sieben Jüngern.

Das ist die Zahl der Fülle. (In der Apokalypse werden sieben Gemeinden genannt: die ganze Kirche.) Mit Petrus, der den Herrn verleugnet hat, und mit Thomas, der die Auferstehung bezweifelt hat, beginnt es. Aber nach Thomas, dem Zweifler, wird Natanael genannt, der am Anfang dieses Johannesevangeliums das erste große Bekenntnis abgelegt hat: „Du bist der Sohn Gottes, du bist der König in Israel!" (Joh 1,49). Schon darin beginnt fast unmerklich die Beschreibung der „Atmosphäre".

Der ganze Bericht: Ist es ein Bild der Glaubensexistenz des Christen und der Gemeinde? Da ist die Nacht auf dem See. Die Arbeit dieser ganzen Nacht – leere Netze! Und die Jünger wie ohne Mitte, ohne Ziel. Ist das so mit der Gemeinde in der Zeit des „Danach"?

See (Meer) in der Nacht. Im Altertum ist das Meer der abgründige Ort dämonischer Ungeheuer, der Ort verschlingender Bedrohung. Wir denken an die Jona-Geschichte: Er läuft vor Gott weg, und da wo man von Gott weggelaufen ist, ist man solchem nächtlichen Abgrund und seinen Ungeheuern ausgeliefert. Ist das so mit den Jüngern in der Zeit der Kirche, wenn sie nicht mehr im Glauben erfahren, daß der Herr bei ihnen ist? Wenn sie von ihm getrennt sind? „In der Welt habt ihr Angst", hatte der Herr ihnen gesagt (Joh 16,33). Sie mühen sich ab vom Abend bis zum Morgen – und es scheint alles umsonst zu sein.

Die Nacht: Ist sie von der Art wie jene Nacht, in die der Verräter hineinging? „Es war aber Nacht"

(Joh 13,30). Ist man in solcher Nacht, wenn man sich von ihm getrennt hat?

Beim reichen Fischfang im Lukasevangelium hatte Jesus dem Petrus zugesagt: „Von jetzt an wirst du Menschen fangen" (Lk 5,10). Und jetzt in der Zeit des „Danach", in der Zeit der Kirche – bleiben da die Netze leer? Sie arbeiten und arbeiten, eine ganze Nacht, aber am Ende: nichts! Ist es so, wenn er nicht in ihrer Mitte ist? Wenn die Mitte ihres Glaubens nicht der Auferstandene ist?

Und dahinein geschieht das Wunder der Verwandlung! „In der Welt habt ihr Angst. Aber habt Mut, ich habe die Welt überwunden!" Der, der da am Ufer in der Morgensonne steht, hat dieses Meer und diese Nacht überwunden! „Als der Morgen dämmerte, stand Jesus am Ufer." Die Sonne, der sol invictus, die unbesiegte Lebenskraft: Christus ist es. Er „stand" da, der Erstandene! Und in dem Augenblick, da sie bei ihm sind, ist die Angst besiegt, haben sie Boden unter den Füßen, von ihm her. Schon einmal hatten sie das erfahren. Sie waren allein auf dem See: „Es war schon dunkel geworden, und Jesus war nicht zu ihnen gekommen. Da wurde der See durch einen heftigen Sturm aufgewühlt." In dem Augenblick aber, in dem Jesus sich dem Boot näherte, „war schon das Boot am Ufer" (Joh 6,17–18.21).

Das Ufer: Das ist seine österliche Welt. Von daher wandelt sich alles. Von da her müssen sie handeln und leben. Von da her können sie neu auf das Meer hinausgeschickt werden, jetzt aber ohne

Angst. Denn jetzt gehen sie nicht mehr im Eigenentwurf („Ich gehe fischen"), sondern in seiner Sendung und Vollmacht.

„Werft das Netz auf der rechten Seite aus." Die rechte Seite ist die Lichtseite, die Glücksseite. Das, was sie bisher in der Nachtseite getan haben, wollen sie jetzt in der Tagseite tun: vom Osterlicht her. Und alles ist neu! Auf ihrem Tun, auf dem bisher die Nacht lag, liegt jetzt der Glanz des Osterlichtes. Und das Sinnlose und Aussichtslose wandelt sich in Fülle, in Leben!

Ist das den Jüngern gesagt für die Zeit des „Danach"? Uns?

Jesus fragt – und das ist eine entscheidende Frage an die Jünger –: „Habt ihr nicht etwas zu essen? Nein, antworteten sie." *Habt ihr etwas bei euch, von dem man leben kann?* Ihr habt doch die ganze Nacht gearbeitet: Könnt ihr davon leben? Wie könnten sie anders antworten als mit nein! All ihr Mühen im Eigenentwurf bringt nicht das ein, von dem sie leben können: auf das andere Ufer hin!

„Meine Kinder", so spricht Jesus sie an, väterlich-mütterlich. „Meine Kinder", gesteht es doch ein, daß ihr von euch her nicht *leben* könnt, gesteht es doch ein, daß euer Netz leer geblieben ist, habt doch den Mut, mir die leeren Hände hinzuhalten und einzugestehen, daß ihr nichts habt, von dem man leben kann. Daß ihr am Nichts verzweifelt. „Meine Kinder": Ich lasse euch doch nicht ohne Brot, ohne das Leben! Ich, Vater, Mutter, Bruder!

Gibt es das in der Kirche, in der Gemeinde, daß der Jünger diese Erfahrung macht (und endlich eingestehen muß): Aller Aufwand im Eigenentwurf ist vergeblich, ist Schein-werk, wenn er nicht beseelt und belebt ist von dem her, der am Ufer von Zeit und Geschichte steht und die Lebensangst zur Ruhe bringt. Manchmal muß ein Mensch, muß eine Gemeinde bis an den äußersten Rand dieser schmerzlichen Erfahrung kommen, um die rettende Stimme vom Ufer her zu hören: „Meine Kinder"!

Und dann, wenn das mutige Loslassen des Eigenen gelingt, wenn man sich im radikalen Vertrauen – wie durch den Tod des Eigenentwurfs – einläßt auf den fast widersinnig erscheinenden Auftrag des anderen, dann kann die Wandlung beginnen.

Man geht von neuem ans Werk, wieder auf das Meer hinaus („Siehe, ich schicke euch wie Schafe mitten unter die Wölfe", Lk 10, 3), aber jetzt ohne Angst: Er steht da am Ufer! Sie bringen jetzt das österliche Leben in die lebensbedrohende, lebensverweigernde Welt hinein und beginnen, sie zu verwandeln: von ihm her. („Vater, ich bitte nicht, daß du sie aus der Welt nimmst, sondern daß du sie vor dem Bösen bewahrst", Joh 17, 15).

„Sie wußten nicht, daß es Jesus war": Sie erkennen ihn nicht sofort. Es kann ein langer Weg sein, ein christlicher Reifungsprozeß, ihn zu erkennen; auch für die, die ihn schon kennen: Immer neu muß er sich zu erkennen geben. Nach dem reichen Fischfang ist es der Jünger, den Jesus liebte, der sagt:

„Es ist der Herr!" Die Erfahrung von beginnender Lebensfülle läßt den ersehnen und erahnen, der *die* Fülle des Lebens, der *das* Leben ist.

Dreimal steht in diesen Versen (7 und 12) dieses Wort, daß es der Herr ist, das Wort vom Kyrios. Wieder steht die nachösterliche Gemeinde im Blick, der dieses Wort zugesprochen wird: Erkennt es: der Herr, der Kyrios, ist euch nahe!

Petrus erkennt noch nicht, der Liebesjünger erkennt: Die Sehkraft des Herzens erkennt ihn, die Tatkraft des Petrus erreicht ihn; beides gehört zusammen, in jedem von uns.

„Als Simon Petrus hörte, daß es der Herr sei, gürtete er sich das Obergewand um, weil er nackt war, und sprang in den See." Warum bekleidet sich Petrus? Bultmann schreibt: „Daß Petrus sich bekleidet, hat offenbar den Sinn, daß er schicklich vor Jesus erscheinen will." Aber dürfen wir auch hierin einen tieferen symbolischen Sinn sehen? Das Gewand ist Ausdruck menschlicher Würde. Petrus gewinnt in diesem Augenblick der Nähe zum österlichen Herrn seine neue Würde zurück, von ihm her; er erinnert sich ihrer neu. Und so kann er sich auch ins Wasser stürzen, in jenes Element, das vorher in der Nacht noch das Bild der bedrohenden Welt war – nun braucht er diesen angstmachenden Abgrund nicht mehr zu fürchten: Er ist von der Gegenwart des Herrn gehalten. Das Gewand, sein Mit-Christus-Bekleidetsein schützt ihn mitten in der Welt.

Am Ufer sehen sie ein Kohlenfeuer und Fisch

und Brot. Und obwohl das Mahl schon bereitet ist, sagt Jeus: „Bringt von den Fischen, die ihr gerade gefangen habt." Es ist das Zusammen von Gnade und menschlichem Mittun: Alles ist Geschenk, auch das, was sie bringen, aber der schenkende Herr bezieht ihr Tun ein in das Werden der Fülle, in das letzte Reifen. Je mehr man in seinem Auftrag sich einläßt in das Werk, um so mehr wird man der Fülle des Geschenkten inne.

Jene Fülle, die von der letztlich undeutbaren Zahl der 153 Fische angesagt wird, wie die Fülle der zwölf Körbe nach der wunderbaren Speisung (Joh 6, 13): für die ganze Gemeinde, die Kirche reichend. Aber auch jene Fülle der Menschen – „Von jetzt an wirst du Menschen fangen" – ist vielleicht in dieser Zahl angesagt, die vom rettenden Netz aufgefangen wird.

Beim Fischfang am Anfang (Lk 5, 1 f) drohen die Netze zu zerreißen. Jetzt, nach Ostern, zerreißen sie nicht. Wird die Kirche zuletzt in ihrer tiefsten, von ihm geschenkten Einheit offenbar werden?

„Keiner von Jüngern wagte ihn zu fragen: Wer bist du? Denn sie wußten, daß es der Herr war": Es gibt eine Nähe, eine Gewißheit des Herzens, wo alles argumentierende Fragen aufhört. Als Thomas sagte: „Wenn ich nicht die Male der Nägel an seinen Händen sehe, glaube ich nicht" (Joh 20, 25), da war ein Fragen, das jetzt alles zerstören würde. Es gibt eine Nähe, in der das Fragen aufhört: „An jenem Tage werdet ihr mich nichts mehr fragen" (Joh 16, 23).

Das ist die Stunde der Eucharistie. „Jesus *tritt heran*" (so muß es nach dem griechischen Urtext heißen: immer neue Gegenwart), „nimmt das Brot und gibt es ihnen". Im eucharistischen Mahl wird der Gemeinde diese unerhörte Nähe des Herrn, des Auferstandenen geschenkt. So spannt sich der Bogen vom Abschiedsmahl am Abend vor seinem Leiden in der Verborgenheit des Hauses bis zu diesem Frühmahl in der Offenheit und Weite des Seeufers. Und so wie dort, so stiftet auch hier sein Mahl, sein Geben Gemeinschaft, Gemeinde.

ZUR BESINNUNG AUF DIE JESUSFRAGE

In der Frage Jesu hören wir:

1. Habt ihr etwas bei euch, von dem man leben kann?

Wovon lebe ich? – Wovon lebe ich zuletzt? – Wovon lebt die Kirche? Meine Gemeinde?

2. Habt ihr bei dem Fischzug, den ihr ohne mich gemacht habt, Erfolg gehabt?

Kann ich, können wir das eingestehen – wie es die Jünger eingestanden haben –, daß der ganze Aufwand von Arbeit und Einsatz ergebnislos bleibt (im Sinne des Reiches Gottes), wenn mein, unser Tun nicht von dem Glauben und Vertrauen beseelt ist: Die Fülle wird dem Tun geschenkt, das aus seiner Nähe und Weisung geschieht? Nicht aus der eigenen Anstrengung leben, sondern aus der Gnade!

3. Die Anrede in dieser Jesusfrage „Meine Kinder" ruft unser Vertrauen an: Glaubt ihr, daß ich euch in der Stunde der Prüfung nahe bin und euch meine Nähe erfahren lasse? Euch wie ein guter Hausvater zu essen gebe?

Habe ich, im Blick auf die Kirche, auf die Gemeinde unserer Zeit, dieses Vertrauen?

4. Was gebe ich – im Sinne dieser Symbolsprache – den Menschen zu essen? Können sie davon leben? Komme ich von seiner Gabe her?

ICH BEGEGNE DEM EVANGELIUM

In dieser Frage Jesu sind diese frohen Botschaften verborgen: Das Mahl, von dem wir leben, ist bereitet: die heilige Eucharistie.

Er selbst ist die Lebensgabe.

Und:

Am Ende wird das Netz mit Fülle gesegnet sein!

Von dem her, der als der Auferstandene den Seinen nahe ist, auch in der Nacht, auch in der Stunde der Prüfung. Diesem Evangelium öffne ich mich, vertrauend, danksagend.

EIN AUSBLICK

Dietrich Bonhoeffer schrieb am 21. 8. 1944: „Wir müssen uns immer wieder sehr lange und sehr ruhig in das Leben, Sprechen, Handeln, Leiden und Sterben Jesu versenken, um zu erkennen, was Gott verheißt und was er erfüllt. Gewiß ist, daß wir immer in der Nähe und unter der Gegenwart Gottes leben dürfen und daß dieses Leben für uns ein ganz neues Leben ist; daß es für uns nichts Unmögliches mehr gibt, weil es für Gott nichts Unmögliches gibt; daß keine irdische Macht uns anrühren kann ohne Gottes Willen und daß Gefahr und Not uns nur näher zu Gott treiben; gewiß ist, daß wir nichts zu beanspruchen haben und doch alles erbitten dürfen; gewiß ist, daß im Leiden unsere Freude, im Sterben unser Leben verborgen ist; gewiß ist, daß wir in dem allen in einer Gemeinschaft stehen, die uns trägt. Zu all dem hat Gott in Jesus Ja und Amen gesagt. *Dieses Ja und Amen ist der feste Boden, auf dem wir stehen.* Immer wieder in dieser turbulenten Zeit verlieren wir aus dem Auge, warum es sich eigentlich zu leben lohnt. Wir meinen, weil dieser oder jener Mensch lebt, habe es auch für uns Sinn zu leben. In Wahrheit ist es aber doch so: Wenn die Erde gewürdigt wurde, den Menschen Jesus Christus zu tragen, wenn ein Mensch wie Jesus gelebt hat, dann und nur dann hat es für uns Menschen einen Sinn zu leben. Hätte Jesus nicht gelebt, dann wäre unser Leben trotz aller Menschen, die wir kennen, verehren und lieben, sinnlos. Vielleicht entschwindet uns jetzt manchmal die Bedeutung und Aufgabe unseres Berufes. Aber kann man sie nicht in einfachster Form so aussprechen? Der unbiblische Begriff des Sinnes ist ja nur eine Übersetzung dessen, was die Bibel Verheißung nennt."

GEBET

Herr, du fragst uns: Habt ihr das, von dem ihr leben könnt?

Herr, meine Sehnsucht nach Leben ist groß. Immer neue Sehnsucht. Wann kommt sie zur Ruhe? Wovon wird sie gestillt? Sie ist wie ein unstillbarer Durst.

Wovon lebe ich? Was habe ich, wovon ich lebe? Vieles habe ich, das mich aufleben läßt: Dinge der Schöpfung, der Kunst, der Wissenschaft... Am meisten: Menschen!

Aber wovon lebe ich zuletzt? Ich denke an die Weisheitsworte der Weisen. Sie geben weites Geleit. Aber an der letzten Tür verlassen sie mich. Ich kann nicht von ihnen leben über die letzte Schwelle hin. Sie sind nicht das lebendige Du, das mir entgegenkommt.

Wer füllt zuletzt die leeren Netze? Je älter ich werde, um so mehr erfahre ich die Trauer der leeren Hände. Vieles, was sie angesammelt hatten, zerrann zuletzt, fiel in den Abgrund Vergänglichkeit. Wer füllt zuletzt die leeren Hände?

Das bist du alleine! Herr: Du am Ufer meines, unseres Lebens.

17

Liebst du mich?

Joh 21, 17 in 21, 15–19

¹⁵ Als sie Mahl gehalten hatten, sagte Jesus zu Simon-Petrus: „Simon, (Sohn) des Johannes, liebst du mich mehr als diese?" Er antwortete ihm: „Ja, Herr, du weißt, daß ich dich liebe." Jesus sprach zu ihm: „Weide meine Lämmer!" ¹⁶ Wiederum, zum zweiten Mal, sagte er zu ihm: „Simon, (Sohn) des Johannes, liebst du mich?" Er antwortete ihm: „Ja, Herr, du weißt, daß ich dich liebe." Jesus sprach zu ihm: „Weide meine Schafe!" ¹⁷ Zum dritten Mal sagte er zu ihm: „Simon, (Sohn) des Johannes, liebst du mich?" Da wurde Petrus betrübt, weil er schon zum dritten Mal zu ihm sagte: „Liebst du mich?", und er antwortete ihm: „Herr, du weißt alles; du weißt, daß ich dich liebe." Jesus sprach zu ihm: „Weide meine Schafe! ¹⁸ Wahrlich, wahrlich, ich sage dir: Als du jung warst, gürtetest du dich und gingst, wohin du wolltest. Wenn du aber alt geworden bist, wirst du deine Hände ausstrecken, und ein anderer wird dich gürten und führen, wohin du nicht willst." ¹⁹ Das aber sagte er, um anzudeuten, durch welchen Tod er Gott verherrlichen sollte. Und nach diesen Worten sagte er zu ihm: „Folge mir!"

Übersetzung Rudolf Schnackenburg

ZUR PERIKOPE[1]

Zunächst eine Vorbemerkung. Einige Verse vorher heißt es: „Als sie an Land gegangen waren, sahen sie dort ein Kohlenfeuer brennen ..." Im ganzen Neuen Testament kommt das Wort Kohlenfeuer nur zweimal vor. Beide Stellen stehen im Johannesevangelium. Ob sie etwas miteinander zu tun haben? Im Johannesevangelium muß man auf das kleinste Zeichen achten, nichts ist zufällig.

Die erste Stelle, an der das Kohlenfeuer genannt wird, steht im 18. Kapitel. Jesus ist nach seiner Gefangennahme zum Verhör in das Haus des Hohenpriesters gebracht worden. Und da heißt es: „Die Diener und die Knechte hatten sich ein Kohlenfeuer angezündet und standen dabei, um sich zu wärmen; denn es war kalt. Auch Petrus stand bei ihnen und wärmte sich." Und dann wissen wir, was geschah: Da an diesem Kohlenfeuer verleugnete Petrus den Herrn dreimal.

Die zweite Stelle ist diese im 21. Kapitel. Und an diesem Kohlenfeuer geschah das letzte, tiefe Zwiegespräch zwischen Jesus und Petrus. Dreimal fragt Jesus ihn: Liebst du mich?

An einem Kohlenfeuer hat Petrus den Herrn dreimal verleugnet, an einem Kohlenfeuer fragt Jesus ihn dreimal nach seiner Liebe, um ihm als erstem das Amt des Hirten zu übertragen. Sollte das

---
[1] Vgl. R. Schnackenburg, Das Johannesevangelium. Und besonders Adrienne von Speyr, Johannes, an deren Betrachtung sich diese Ausführungen anlehnen.

Kohlenfeuer am See den Petrus – und uns! – erinnern an jenes andere Kohlenfeuer im Vorhof des Hohenpriesters?

Sollte es so sein, daß der Jünger, dem das Hirtenamt übertragen wird, daran erinnert werden soll: Bedenke, daß nicht dein Würdigsein, deine Leistung, deine Tüchtigkeit dir das Amt „verdient" hat! Bedenke, daß dir das Amt einzig aus der Erwählung der Liebe zugekommen ist! Denke an das Kohlenfeuer! – Wir könnten über diesen Abschnitt auch die Überschrift setzen: Berufung als Verwandlung. Immer müssen wir bedenken: Wir selber stehen im Blick! Ich vor dem Herrn. Der Herr steht vor mir!

Es gibt sonst keine Stelle im Evangelium, wo so ausdrücklich von der Liebe eines Jüngers zu Jesus die Rede ist; und das jetzt von Petrus im „charismatischen" Johannesevangelium, das dem „amtlichen" Petrusdenken so weit entfernt zu sein scheint! Aber es handelt sich nicht um eine einseitige Liebeserklärung: Es ist ein Dialog der Liebe zwischen dem Herrn und dem Jünger, dem ersten Amtsträger. Ein Examen von ganz einziger Art!

Die Frage Jesu: „Simon, Sohn des Johannes, liebst du mich mehr als diese?" kann uns befremdlich erscheinen. Einmal: Kann man, wenn man von Jesus ausdrücklich nach der Liebe gefragt wird, mit einem Mehr oder Weniger antworten?

Dann aber: Nie hat Jesus Rangunterschiede bei den Jüngern geduldet. „Er fragte sie: worüber habt ihr unterwegs gesprochen? Sie schweigen, denn sie hatten unterwegs miteinander gesprochen, wer von ihnen der Größte sei ..." (Mk 9, 33 f). Wie kann er jetzt nach dem „mehr" fragen? Und da ist doch „der Jünger, den Jesus liebte" – ist der jetzt auch unter den „mehr als *diese*"?

Diese Frage, die Jesus stellt, ist die Herzfrage an jeden Jünger. Könnte es sein, daß Petrus in seiner Antwort für uns alle spricht? Daß seine Antwort auch die einschließt, von denen ein Hymnus in der Komplet sagt:

„Christus, göttlicher Herr,
dich liebt, wer nur die Kraft hat zu lieben;
unbewußt, wer dich nicht kennt;
sehnsuchtsvoll, wer um dich weiß"?

Jesus fragt einen Menschen nach seiner Liebe! Aber schon wissen wir: Hier hat die Liebe dieses einzelnen zu Jesus wesentlich etwas zu tun mit dem Amt in der Kirche, mit der Gemeinde.

Die erste Frage, die der Herr an den Amtsträger stellt, ist die Frage nach der Liebe, nach der persönlichen Liebe des Amtsträgers. Diese Frage stellt der Herr, der durch Tod und Auferstehung zum Herrn der Kirche geworden ist, der Lebendige und Gegenwärtige! Hätte man nicht erwarten können, daß er zuerst nach der Nächstenliebe gefragt hätte, nach der „Gemeinschaftsliebe" der Kirche? Wie aber soll es eine lebendige Gemeinschaftsliebe in der Kirche geben, wenn diese nicht beseelt ist von der persönlichen Liebe des einzelnen zum Herrn? Daß Petrus zum Felsen, zum Halt in der Kirche wird, das geht nicht auf seinen menschlichen Charakter zurück –

denn da war er nicht „Fels" –, sondern einzig auf das Band der persönlichen, gegenseitigen Liebe, das ihn mit dem Herrn verband. Und Jesus möchte, daß diese persönliche Liebe auch ihren Ausdruck findet; sie muß gesagt werden, in Zeichen ausgedrückt werden, so ist es der Liebe eigen. Und dann kann es sein, daß dieses Ja der Liebe über alle Alltäglichkeit hinaus manchmal eine Dichte und Feierlichkeit erhält, die für immer das Ganze meint: wie das Ja bei der Hochzeit, wie das Ja bei der Priesterweihe.

Bei Johannes, den wir für den Jünger halten, den Jesus liebte, scheint die Frage nach der Liebe nicht notwendig zu sein, bei Petrus, dem ersten Amtsträger, scheint sie notwendig zu sein, scheint die Liebe durch diese Frage immer wieder neu ins Bewußtsein erweckt werden zu müssen.

Jesus hat in seinem Erdenleben Freundschaft gekannt. Da war der Jünger, den Jesus liebte, da war Lazarus, der ausdrücklich sein Freund genannt wird. Wenn unsere irdische, individuelle Geschichte in die Verklärung der Ewigkeit eingeht, wieviel mehr wird das bei Jesus sein! Sein Erlebnis von Freundschaft geht in die Geschichte der Kirche ein, geht in das Felsenfundament der Kirche als beseelendes, belebendes Element ein.

Wenn aber dieser Liebesdialog des Herrn mit Simon Petrus mehr war als eine einmalige historische Szene, wenn er vom Herrn gedacht ist als der immerwährende Dialog der Liebe mit dem Amt in der Kirche – welch eine Dimension! Wird diese Frage nicht immer wieder das Amt in Frage stellen? Wird das Amt mit der erfragten Liebe nicht immer wieder in eine große Spannung kommen? Wird die Liebesfrage nicht immer wieder alles „Amtliche", alle Institution, alles „Verwaltete" heilsam beunruhigen? Wird sie nicht immer wieder das vom Amt überschaubar Gemachte, alles Festgelegte ins Unüberschaubare öffnen? Alles berechenbar Gemachte unberechenbar machen? Amt und Liebe – wie Spannungspole einer Ellipse und nur so lebendige Spannungseinheit. Es ist die notwendige Aufgabe des Amtes zu regeln. Aber die Anfrage der Liebe an das Amt macht alle Regelung, alles System immer wieder auch fragwürdig und erinnert das Amt daran, daß das Herz der Kirche nicht das Gesetz, sondern die Liebe ist und daß das Gesetz dazu da ist, der Liebe das Haus zu bauen.

Jesus fragt: „Liebst du mich mehr als diese?" Einmal hat Petrus von sich aus gesagt, daß er den Herrn mehr liebe als die anderen: „Und wenn alle an dir Anstoß nehmen – ich niemals!" (Mt 26,33). Aber da erhob er sich in Selbsttäuschung über die anderen. Jetzt sagt er sehr still: „Herr, du weißt ...!" Jetzt weiß er, daß er der Frage des Herrn von sich aus nicht gewachsen sein kann.

Was heißt dieses „mehr"? Ist es nicht der jeder Liebe zugrunde liegende Anspruch nach Ganzheit, Grenzenlosigkeit, Unbedingtheit? Die Frage nach einer Liebe, die immer offen bleibt, alles übersteigt, die brennend ist? Die nie sagt: nur bis dahin? Und sofort spüren wir, wie diese Frage mit ihrem

„mehr" das Amt beunruhigen muß und betroffen macht: Welch ein „Maßstab" für das Amt! Nur wenn das Amt von diesem „mehr" sich anfragen läßt, bleibt es offen für die einströmende Liebe des Herrn; und nur so wird das Amt von seiner Überforderung befreit. Dieses „mehr" und seine Ermöglichung durch den Herrn ist die eigentliche Lebensdynamik der Kirche!

Ob in dieser Frage: „Liebst du mich mehr als diese" nicht auch die Hoffnung des Herrn mitschwingt, daß Petrus, daß der Amtsträger Sprecher der Unmündigen ist, die ihrer Liebe keinen Ausdruck zu geben vermögen? Die weniger lieben?

Die Antwort des Petrus ist die reifste, die sich denken läßt: „Herr, du weißt, daß ich dich liebe." Er legt demütig die Antwort in die umfassende Liebe des Herrn hinein. Und er tut es jetzt in einer stillen Demut, die eine andere ist als die pathetische bei der Fußwaschung: „Niemals sollst du mir die Füße waschen!" Und so ist es klar, daß er in diesem Augenblick sich nicht messen darf an den anderen und etwa sagen könnte: Ich liebe dich mehr, als alle anderen dich lieben! Jetzt weiß er, daß er nicht von sich aus die Antwort der größeren Liebe geben kann, sondern nur vom Herrn her: „Du weißt..." Jetzt weiß er und erkennt es an – anders als bei der Fußwaschung –, daß die Frage des Herrn ihm zugleich die ersehnte Liebe schenkt und daß er also jetzt nicht in falscher Demut abwehren darf.

„Zum zweiten Mal fragte er ihn." Wenn eine solche Frage zum zweiten Mal gestellt wird, unmittelbar nach der ersten: Was erweckt das beim Gefragten? Und wenn sie dann noch ein drittes Mal gestellt wird, wird der Ernst nicht unheimlich? Petrus wird so gefragt vom Auferstandenen, der die Male der Passion trägt! Aber die Antwort, die Petrus gibt, ist nun auch über den historischen Augenblick hinaus in den Ewigkeitsraum der österlichen Dimension hineingesagt – ob Petrus ahnt, in welche Tiefen seine Antwort geht? Das unendliche Gespräch der Liebe.

„Weide meine Schafe." Es sind Seine Schafe. Jesus ist der Hirte. Seine Versichtbarung soll Petrus für die Zwischenzeit bis zur Wiederkunft des Herrn sein. In dieses „Weide meine Schafe" schwingt das ein, was der Herr in Joh 10, 11–18, in der Hirtenrede gesagt hat: „Der gute Hirt gibt sein Leben hin für die Schafe ... Ich kenne die Meinen, und die Meinen kennen mich." Wenn Jesus selber der eigentliche Hirte ist, dann darf für den Mithirten bei solchem Zusammen niemals letzte Mutlosigkeit aufkommen. Und wenn die „Weide", da wo sie gleichsam am besten ist, die Eucharistie ist, wird da nicht sofort sichtbar, das Er der eigentliche Hirte ist und in welcher Weise er es ist?

Und wenn Er der wahre Hirte ist, müssen dann die Mithirten noch darauf so bedacht sein, alles abzusichern und das ganze Feld unbedingt überschaubar zu machen? Könnte nicht darin ein Mißtrauen gegen den Oberhirten liegen oder auch ein zu starkes Sich-selbst-wichtig-Nehmen der Mithirten? Müssen die Mithirten nicht in die Schule des Oberhirten gehen, der in der Passion jede Absicherung, jede Überschaubarkeit losgelassen hat? Welche Zuversicht kann aus der Gemeinsamkeit mit dem österlichen Hirten erwachsen!

Wird aber nicht auch deutlich, daß ein solcher Hirtenauftrag, der die Lebenshingabe einschließen kann, nicht auf Zeit eingegrenzt werden kann? So wie wahre Liebe nicht eingegrenzt werden kann?

„Da wurde Petrus betrübt." Jetzt wird der Hintergrund der Schuld sichtbar. Verwandlung durch schmerzliche Schulderfahrung hindurch. Denn so wird hinter der Schuld die größere Güte des Herrn erkennbar. So weiß Petrus, daß das Amt nicht aus seiner Tüchtigkeit kommt, sondern aus der vergebenden Güte des Herrn. So wächst die Liebesantwort des Petrus ins Größere von der Schulderfahrung her, nein, vielmehr von der Erfahrung der vergebenden Güte her. Wer von uns kennte dies nicht?

Jesus verzeiht. Aber er verzeiht, indem er dem Bekennenden eine größere Lebensmöglichkeit, eine neue, größere Lebensaufgabe zumutet. Schuld wird Seligkeit!

Dreimal wird Petrus von Jesus mit dem vollen Namen genannt. So geschieht es im Johannesevangelium nur noch im 1. Kapitel bei der ersten Begegnung. Das wird nicht zufällig sein. Es ist im Johannesevangelium wie eine Klammer am Anfang und am Ende. Es geht um den ganzen Petrus, um seine ganze Existenz, um seine unvertauschbare Individualität, um seine *namentliche* Verantwortung:

vor dem Herrn, vor der Kirche, vor der Ewigkeit!

Es geht Jesus um *dich!* „Liebst *du* mich?" Und dem entspricht in der Antwort das wiederkehrende Du, ein fast flehentliches Du des Petrus zum Herrn hin. Wenn uns das doch immer gegeben bliebe!

Im griechischen Wortlaut fragt Jesus den Petrus: „agapas me". Petrus antwortet: „philō se" ‚agapan' ist das Wort für die hohe selbstlose Liebe; ‚philein' ist das Wort für die Freundesliebe. Auch das zweite Mal fragt Jesus so, antwortet Petrus so. Beim dritten Mal fragt Jesus ihn: „phileis me". Es ist, als hole der Herr ihn bei seiner Liebesmöglichkeit ab. Jesus fragt ihn beim dritten Mal mit dem Wort der Freundschaftsliebe, in welcher Petrus bisher geantwortet hatte, gleichsam: „Bist du mein Freund?" Es ist die Frage Jesu an den Amtsträger.

Mit seiner Antwort hat Petrus das Wort gefunden, das nun für immer für jeden Christen, für jeden Amtsträger insbesondere, die letztmögliche Antwort ist. Einer seiner Nachfolger, Gregor der Große, sagt einmal der Gemeinde: „Ich habe den Guten Hirten beschrieben, aber ich bin keiner; ich habe das Ufer der Vollkommenheit gezeigt, aber ich selbst kämpfe noch gegen die Sturzwellen meiner Fehler, meiner Nachlässigkeiten; darum tut mir den Gefallen und werft mir euer Gebet als Rettungsring zu, damit ich nicht untergehe." Das ist aus dem Geist des Simon Petrus.

Daß wir doch immer diese Petrusantwort finden, für uns und als Sprecher für die Menschen!

„Als du jung warst ..." Früher ging er wie aus eigener Kraft, wie aus eigenem Lebensentwurf heraus. Jetzt ist die Reife gekommen, in der sein Lebensentwurf eins geworden ist mit dem Weg des Herrn. Im Kapitel 13 des Johannesevangeliums hatte Jesus zu ihm gesagt: „Du kannst mir jetzt nicht folgen. Später wirst du mir folgen." Jetzt ist dieses „später" gekommen. Und mit dem Wort Jesu: „Folge mir" ist Petrus ganz angenommen, ganz auf der Seite Jesu. Die Vergebung ist zugleich Eröffnung neuer Zukunft, *der* Zukunft!

„Du wirst deine Hände ausstrecken": zur Fesselung, zum Tragen des Kreuzbalkens, zur Passion – nicht mehr zur eigenmächtigen Aktion: Die Schicksalsgemeinschaft mit Jesus ist nun *die* Auszeichnung des Petrus. Ob es nicht die Sehnsucht Jesu ist, daß sie das Kennzeichen des Amtsträgers sei? Freundschaft und Schicksalsgemeinschaft mit ihm? Ob es nicht die Sehnsucht Jesu ist, daß die Schar nicht klein ist, der er am Ende das Wort sagen kann: „Ihr, die ihr in all meinen Bedrängnissen bei mir ausgeharrt habt?" (Lk 22, 28), in der Schicksalsgemeinschaft mit mir?

Das Gespräch Jesu mit Petrus ist nach der Auferstehung. Ostern leuchtet über dieser Begegnung, über diesem Dialog der Liebe.

ZUR BESINNUNG AUF DIE JESUSFRAGE

1. Was weckt in mir diese Frage Jesu: „Liebst du mich?"

2. Ich überschaue meinen Lebensweg bis in diese Gegenwart im Aspekt dieser Frage.

3. Jesus fragt dreimal. Kenne ich solches in meinem Leben mit Christus, daß ich wiederholt und eindringlicher vor den Ernst dieser Frage gestellt worden bin?

4. Es gibt am Anfang der Berufung des Petrus die Aufforderung Jesu: „Folge mir", und es gibt am Ende dieses Wort Jesu: „Folge mir." Beide Worte finden Petrus in ganz verschiedener christlicher Reife. Wo stehe ich?

ICH BEGEGNE DEM EVANGELIUM

Daß Jesus mich nach meiner Liebe fragt!

Nach meiner Freundschaft mit ihm! – Daß er mit dieser Frage diese Freundschaft ermöglicht und erweckt! – Daß er Sünder beruft! Daß er mich Sünder beruft! – Daß Jesus will: Der Kern des Amtes sei die Liebe zu ihm!

EIN AUSBLICK

Der rumänische Pianist Dinu Lipatti, 1917 geboren und schon mit 33 Jahren verstorben, war ein Chopin-Interpret von Weltruf. In seinem letzten öffentlichen Konzert in Besançon wollte er, schon geschwächt von der Todeskrankheit, die vierzehn Walzer von Chopin spielen. Aber während des Konzertes versagten seine Kräfte. Nach einer Pause, in der das Publikum betroffen wartete, kehrte Lipatti noch einmal an den Flügel zurück und spielte als letztes Bekenntnis Bach: „Jesus bleibet meine Freude". Es war seine Antwort auf die Frage Jesu: „Liebst du mich?"

Simon

Ich hab Dich nie geschaut;
Du hast mich angesehen,
Als es mich schon gegraut,
Nur einen Schritt zu gehen;
Ich hab Dich nie geschaut:
     Du
Hast mich angesehen.

Ich ging in fremdem Lohn,
Du hast um mich geworben,
Bist, Mensch und Menschensohn
Um meinethalb gestorben.
Ich ging in fremdem Lohn,
     Du
Hast um mich geworben.

Ich übte Missetat,
Du hast mir schon verziehen
Verleugnung und Verrat,
Bevor der Hahn geschrieen.
Ich übte Missetat,
      Du
Hast mir schon verziehen.
Und wüßt ich keinen Dank,
Du willst den Dank nicht haben,
Willst nur aus Überschwang
Der Gnaden mich begaben.
Und wüßt ich keinen Dank,
      Du
Willst den Dank nicht haben.

Frag nicht! – Ich sags auf Knien:
„Du weißt, daß ich Dich liebe."
Wer kann denn vor dir fliehn,
Der, Herr, nicht in Dir bliebe?

Frag nicht! – Ich sags auf Knien:
      Du
Weißt, daß ich Dich liebe! –

                    Rudolf Alexander Schröder (1878–1962)

18

Mein Gott, mein Gott, warum hast du mich verlassen?

Mk 15, 34 in 15, 33–39

³³ Als die sechste Stunde kam, brach über das ganze Land eine Finsternis herein. Sie dauerte bis zur neunten Stunde. ³⁴ Und in der neunten Stunde rief Jesus mit lauter Stimme: Eloï, Eloï, lema sabachtani?, das heißt übersetzt: Mein Gott, mein Gott, warum hast du mich verlassen? ³⁵ Einige von denen, die dabeistanden und es hörten, sagten: Hört, er ruft nach Elija! ³⁶ Einer lief hin, tauchte einen Schwamm in Essig, steckte ihn auf einen Stock und gab Jesus zu trinken. Dabei sagte er: Laßt uns doch sehen, ob Elija kommt und ihn herabnimmt.

³⁷ Jesus aber schrie laut auf. Dann hauchte er den Geist aus.

³⁸ Da riß der Vorhang im Tempel von oben bis unten entzwei.

³⁹ Als der Hauptmann, der Jesus gegenüberstand, ihn auf diese Weise sterben sah, sagte er: Wahrhaftig, dieser Mensch war Gottes Sohn.

ZUR PERIKOPE

Die letzte Jesusfrage, die wir hören wollen, richtet sich nicht an einen Menschen, sondern an Gott. Diese Frage Jesu ist zugleich die schwerwiegendste Frage des Menschen an Gott. Darf diese Frage am Ende unseres Weges stehen?

Die Passionsgeschichte des Markusevangeliums ist ältestes Überlieferungsgut, in seinen Urbestandteilen schon bald nach dem Tode Jesu aufgeschrieben.

Die Gottesfinsternis fällt über das Land. Der Kosmos erschaudert. Eine Prophetie Amos' sagt: „An jenem Tag – Wort Gottes, des Herrn – lasse ich am Mittag die Sonne untergehen und breite am hellichten Tag über die Erde Finsternis aus. Ich verwandle eure festliche Freude in Trauer und all eure Lieder in Klagen ... Ich bringe Trauer über das Land wie die Trauer um den einzigen Sohn, und das Ende wird sein wie der bittere Tag ..." (8, 9–10). Der Leser des Markusevangeliums erinnert sich der Worte, die zwei Kapitel vorher geschrieben stehen: „In jenen Tagen, nach der Bedrängnis, wird die Sonne sich verfinstern ..." (Mk 13, 24).

Mit lauter Stimme ruft Jesus seine Frage zum dunklen Himmel. In seiner aramäischen Muttersprache, die das griechische Evangelium übernimmt, ruft er die Frage des Psalms 22: „Mein Gott, mein Gott, warum hast du mich verlassen?" Letzte Verlassenheit, tiefste Einsamkeit des Gekreuzigten: Erfahrung der Gottverlassenheit.

Aber es ist sicher, daß Jesus den ganzen Psalm gebetet hat oder hat beten wollen. Dann aber bekommt die Frage Jesu ein Umfeld, das nicht Verzweiflung bleibt, sondern Vertrauen ist! Denn in dem Psalm stehen auch diese Worte: „Dir haben unsere Völker vertraut, sie haben vertraut, und du hast sie gerettet. Zu dir riefen sie und wurden befreit, dir vertrauten sie und wurden nicht zuschanden." Mitten in der erlebten Gottfinsternis gibt Jesus den Ruf zu Gott nicht auf, und in der äußersten Verlassenheit, aus der er das Warum schreit, hält er fest an diesem *„Mein* Gott, *mein* Gott ..."

„So offenbart sich denn auch hier das Geheimnis des Menschensohnes; weil Er es ist, deshalb ist er hier im Augenblick des widergöttlichen Todes nichts anderes als unergründlich bis zur völligen Verzweiflung angefochtene, zitternde und zerschlagene Kreatur und ist eben deshalb der eschatologische Überwinder des Todes und aller widergöttlichen Mächte" (E. Lohmeyer).

Der Psalm 22 ist das Sterbegebet Jesu. In ihm sammeln sich alle Leiden *und* der Glaube Israels. Und so ist es gut, wenn wir den ganzen Psalm lesen, in welchem die Frage Jesu ihren Ort hat, und wenn wir ihn ganz bewußt mitzubeten versuchen als Gebet Jesu am Kreuz!

[2] *Mein Gott, mein Gott, warum hast du mich verlassen, bist fern meinem Schreien, den Worten meiner Klage?*
[3] *Mein Gott, ich rufe bei Tag, doch du gibst keine Antwort; ich rufe bei Nacht und finde doch keine Ruhe.*

⁴ Aber du bist heilig,
   du thronst über dem Lobpreis Israels.
⁵ Dir haben unsre Väter vertraut,
   sie haben vertraut, und du hast sie gerettet.
⁶ Zu dir riefen sie und wurden befreit,
   dir vertrauten sie und wurden nicht zuschanden.

⁷ Ich aber bin ein Wurm und kein Mensch,
   der Leute Spott, vom Volk verachtet.
⁸ Alle, die mich sehen, verlachen mich,
   verziehen die Lippen, schütteln den Kopf:
⁹ „Er wälze die Last auf den Herrn,
   der soll ihn befreien!
Der reiße ihn heraus,
   wenn er an ihm Gefallen hat."
¹⁰ Du bist es, der mich aus dem Schoß meiner Mutter zog,
   mich barg an der Brust der Mutter.
¹¹ Von Geburt an bin ich geworfen auf dich,
   vom Mutterleib an bist du mein Gott.
¹² Sei mir nicht fern, denn die Not ist nahe,
   und niemand ist da, der hilft.

¹³ Viele Stiere umgeben mich,
   Büffel von Baschan umringen mich.
¹⁴ Sie sperren gegen mich ihren Rachen auf,
   reißende, brüllende Löwen.
¹⁵ Ich bin hingeschüttet wie Wasser, /
   gelöst haben sich all meine Glieder.
   Mein Herz ist in meinem Leib wie Wachs zerflossen.
¹⁶ Meine Kehle ist trocken wie eine Scherbe, /
   die Zunge klebt mir am Gaumen,
   du legst mich in den Staub des Todes.
¹⁷ Viele Hunde umlagern mich, /
   eine Rotte von Bösen umkreist mich.

> Sie durchbohren mir Hände und Füße.
> ¹⁸ Man kann all meine Knochen zählen;
> sie gaffen und weiden sich an mir.
> ¹⁹ Sie verteilen unter sich meine Kleider
> und werfen das Los um mein Gewand.
> ²⁰ Du aber, Herr, halte dich nicht fern!
> Du, meine Stärke, eil mir zu Hilfe!
> ²¹ Entreiße mein Leben dem Schwert,
> mein einziges Gut aus der Gewalt der Hunde!
> ²² Rette mich vor dem Rachen des Löwen,
> vor den Hörnern der Büffel rette mich Armen!

²³ Ich will deinen Namen meinen Brüdern verkünden,
   inmitten der Gemeinde dich preisen.
²⁴ Die ihr den Herrn fürchtet, preist ihn, /
   ihr alle vom Stamm Jakobs, rühmt ihn;
   erschauert alle vor ihm, ihr Nachkommen Israels!
²⁵ Denn er hat nicht verachtet,
   nicht verabscheut das Elend des Armen.
Er verbirgt sein Gesicht nicht vor ihm;
   er hat auf sein Schreien gehört.
²⁶ Deine Treue preise ich in großer Gemeinde;
   ich erfülle meine Gelübde vor denen, die Gott fürchten.
²⁷ Die Armen sollen essen und sich sättigen; /
   den Herrn sollen preisen, die ihn suchen.
   Aufleben soll euer Herz für immer.

²⁸ Alle Enden der Erde sollen daran denken /
   und werden umkehren zum Herrn:
   Vor ihm werfen sich alle Stämme der Völker nieder.
²⁹ Denn der Herr regiert als König;
   er herrscht über die Völker.   [Erde,
³⁰ Vor ihm allein sollen niederfallen die Mächtigen der

> vor ihm sich alle niederwerfen, die in der Erde ruhen.
> [Meine Seele, sie lebt für ihn;
> mein Stamm wird ihm dienen.]
> Vom Herrn wird man dem künftigen Geschlecht erzählen, /
> ³² seine Heilstat verkündet man dem kommenden Volk;
> denn er hat das Werk getan.

„Jesus aber stieß einen lauten Schrei aus und starb." War es der wortlose Todesschrei letzter Qual, oder war es der „große Schrei", der den Geistträger charakterisiert, den Propheten, den von Gottes Geist erfaßten Menschen? (Rudolf Pesch[1])

„Da riß der Vorhang im Tempel von oben bis unten entzwei": Großes apokalyptisches Zeichen! Die Todeshingabe Jesu legt den Blick und den Weg frei für alle in das Allerheiligste. Der Hebräerbrief sagt: „Wir haben also die Zuversicht, Brüder, durch das Blut Jesu in das Heiligtum einzutreten, auf den neuen und lebendigen Weg, den er uns erschlossen hat durch den Vorhang hindurch, das heißt durch sein Fleisch; und da wir einen erhabenen Priester über dem Haus Gottes haben, laßt uns mit aufrichtigem Herzen in voller Gewißheit des Glaubens hinzutreten ..." (Hebr 10, 19–22).

---

[1] Rudolf Pesch (Das Markusevangelium 2, Freiburg i. Br. ²1980) fügt als Anmerkung hinzu: Eine höchst interessante Parallele für die Verwendung des Ps 22,2 im Zusammenhang mit dem „lauten Schrei" findet sich im Midrasch zu Ps 22,2, nach dem Ester am ersten und zweiten Tag „Mein Gott", am dritten Tag „Warum hast du mich verlassen" betet. Aber als sie zuletzt mit lauter Stimme betet: „Mein Gott, mein Gott, warum hast du mich verlassen?", wurde ihr Gebet sofort beantwortet.

ZUR BESINNUNG AUF DIE JESUSFRAGE

Darf diese Frage am Ende stehen? Frage Jesu, des Gekreuzigten, an Gott, Frage des Menschen an Gott – und doch auch Anfrage an den Menschen in seiner suchenden und leidvollen Existenz?

Dieser aus der äußersten Not kommende Schrei: „Mein Gott, mein Gott, warum hast du mich verlassen?" ist Hinwendung zu Gott! Diese Frage bleibt Schrei der Not – und darüber darf man nicht schnell hinweggehen –, ist Schrei tiefster Menschennot (zumal dann, wenn der Tod unmittelbar mit Gott in Zusammenhang gebracht wird: „*Du legst mich in den Staub des Todes*"), aber sie ist auch die „Intonation" des Psalms 22, dessen Kernworte im zweiten Teil Preisung und Leben sind! In diesem Psalm, dem Sterbegebet Jesu, liegt eine fast zerreißende Spannung. Die Frage Jesu ist Erfahrung letzter Gottverlassenheit: „Mein Gott, ich rufe, doch du gibst keine Antwort"; aber der Fragende hört dennoch nicht auf, sich Gott zuzuwenden, er sagt: „*Mein* Gott!" Und unmittelbar nach der schrecklichen Erfahrung: „doch du gibst keine Antwort" geht es über in das: „Aber du bist heilig, du thronst auf dem Lobpreis Israels. Dir haben unsere Väter vertraut, sie haben vertraut, und du hast sie gerettet." Der Schrei der Todes-Gott-Verlassenheit ist da, und doch findet die Erinnerung des Sterbenden den mütterlichen Gott der Geborgenheit: „Du bist es, der mich aus dem Schoß meiner Mutter zog, mich barg an der Brust der Mutter. Von Geburt an

bin ich geworfen auf dich, vom Mutterleib an bist du mein Gott".
Hat Gott Antwort gegeben? War Gott nahe? Der Psalm sagt:

> *Er verbirgt sein Gesicht nicht vor ihm;*
> *er hat auf sein Schreien gehört.*
> *Aufleben soll euer Herz für immer.*
> *Denn der Herr regiert als König;*
> *er herrscht über die Völker.*
> *Seine Heilstat verkündet man dem kommenden Volk;*
> *denn er hat das Werk getan!*

Das Evangelium sagt: Der Ostermorgen ist die Antwort Gottes. Antwort Gottes für alle, wegen dieses Einen! Der Ostermorgen besiegelt für alle Ewigkeit den Namen Gottes: Ich bin da!

Darum darf diese Jesusfrage am Ende stehen!

Die Anfrage an mich: Kann ich der Glaubenserfahrung zustimmen *und* ihren Weg gehen: Preisung in der Not rettet? Kann ich Jesu Gebet am Kreuz mitbeten? Nicht nur in guten Tagen, sondern in Tagen, in denen die Frage aufkommt: Warum?

Die Bitte um das Glaubensvertrauen des Psalm 22, um das Glaubensvertrauen Jesu.

ICH BEGEGNE DEM EVANGELIUM

Ist in dieser Jesusfrage Evangelium? Jesus hat alle Gottverlassenheit der Menschengeschichte erfahren und durchlitten. Indem er dennoch darin an seinem Gott festhielt und das Du zu ihm nicht aufgab, hat er alle Gottverlassenheit, hat er dieses leidvollste Warum in die Erlösung getragen.

„Mein Gott, mein Gott"!

AUSBLICK

In den siebzehn Fragen, die Jesus an Menschen stellt, sind wir vor ihn gekommen. In der achtzehnten Frage kommt Jesus selber vor Gott, den Vater. Und dies ist ein Hinweis für uns. Jesus will nicht, daß wir mit unserer Antwort auf seine Fragen letztlich vor ihn kommen, daß wir sozusagen bei ihm stehen bleiben; er will, daß wir mit ihm und durch ihn vor Gott, den Vater kommen. Er will uns mit seinen Fragen zuletzt zu Gott, dem Vater, führen. Der Vater ist das Ziel!

Als die Jünger zu Jesus kommen mit der Bitte: „Herr, lehre uns beten!", da gibt er ihnen das Vaterunser. Und so können wir am Ende nichts anderes tun, als mit Jesus den Anfang dieses Gebetes sprechen. Was diese Worte sagen: so hat Jesus gelebt! Darin ist alles!

Vater unser im Himmel,
Geheiligt werde Dein Name.
Dein Reich komme.
Dein Wille geschehe
Wie im Himmel so auf Erden.

Anhang

In Tagen der Besinnung können folgende Fragen Ansatzpunkte zur Selbsterkenntnis werden und das Lebensumfeld auflockern, so daß die Fragen Jesu bei uns auf eine größere Lebenswahrhaftigkeit treffen.
Wichtig ist dabei die Beschränkung auf einige Punkte, damit nicht durch ein Zuviel die Ernsthaftigkeit der Bemühung gefährdet wird. Das Gespräch mit einem Begleiter wird hilfreich sein.

1. Was erkenne ich gegenwärtig als mein wichtigstes Lebensproblem?
2. Was war für mich die wichtigste Erfahrung des vergangenen Jahres?
3. Was wird nach zehn Jahren sein, wenn ich mich nicht ändere? Wo muß die Änderung am ehesten beginnen?
4. Woraus lebe ich jetzt am meisten? Was gibt mir die stärksten Lebensimpulse?
5. Welches Lebensgefühl bestimmt mich am meisten? (Depressiv, frohgestimmt, resignativ, grämlich, zuversichtlich ...)
6. Was hindert mich am meisten, ich selbst zu sein? (Liegt das Hindernis in mir, oder kommt es von außen?)
7. Welche Möglichkeiten in mir blieben bisher ungenutzt?
8. Wo liegt meine Hauptstärke, mein Charisma, meine besondere Fähigkeit? – Wo liegt meine Hauptschwäche, meine Gefährdung, mein Schatten?
8. Was macht mir Freude? („Geh aus mein Herz und suche Freud ...")

10. Um was sorge ich mich und warum?
11. „Woran denkst du, wenn du allein bist? Was macht dich am meisten traurig, wenn du es nicht hast? Was bringt dich am meisten hoch, wenn man es dir sagt?" (Fulton Sheen).
12. Wo ist *mein* Stolz?
13. Wie ertrage ich Kritik?
14. Wie ertrage ich Erfolge anderer?
15. Übernehme ich Verantwortung?
16. Kann man sich auf mich verlassen?
17. Welche Aggressionen sind gegenwärtig in mir erkennbar? Gegen wen, gegen was richten sie sich?
18. „Die Versuchung stimmt mit dem Wesen dessen überein, der versucht wird" (Chambers). Was ist meine wesentliche Versuchbarkeit?
19. „Man wandelt nur das, was man annimmt" (C. G. Jung). Dieses Wort als Anfrage an meine Selbstannahme, an die Annahme bestimmter Menschen meines Lebensfelds.
20. Gibt es gegenwärtig Dauerspannungen in meinem Leben?
21. Es gibt zwei Gefährdungen des Lebens auf dem Reifungsweg: Erstarrung, Verfestigung (Gesetz, Verkopfung, Ritualisierung, Absicherung, Sichfesthalten ...) und Auflösung (Ordnungslosigkeit, Unzuverlässigkeit, Konturlosigkeit, Haltlosigkeit ...). Von welcher der beiden Gefährdungen bin ich eher berührt?
22. Ein Spannungsverhältnis christlichen Lebens heißt: Innerlichkeit und Brüderlichkeit (H. Spaemann). Weg nach innen und Weltbewältigung; Radikalität von Entschiedenheit und Offenheit (Bischof Hemmerle). Was trägt bei mir den stärkeren Akzent?
23. „Wir vergötzen die Tätigkeit und verlieren den

Menschen" (R. Guardini). Betrifft mich dieses Wort?
24. Was würde ich für mich ein erfülltes Leben nennen?
25. Welchen Titel würde ich meiner Selbstbiographie geben?
26. Wo liegt mein „Berührungspunkt" mit Gott? Von meinem Wesen her, von meiner gegenwärtigen Situation her?
27. Wenn mich jemand fragt: Haben Sie Erfahrungen mit Gott gemacht? – Was werde ich ihm antworten?
28. Wie erlebe ich Gott: mehr als den Fernen, Unnahbaren, Unbegreiflichen oder als den Nahen, Vertrauten, Geborgenheit Gebenden?
29. Was löst das Gebet eines jüdischen Frommen in mir aus: Gütiger Vater, nimm alles fort von mir, was zwischen mir und dir steht!? („Keiner von uns ahnt, was Gott aus ihm machen würde, wenn wir uns ihm ganz überließen" Ignatius.)
30. Gott sagt: „Adam, wo bist du?" Wir fragen: „Gott, wo bist Du?" (Gott ist ein verborgener Gott.) Wo versteckt sich Gott in meinem Leben?
31. „Gott wartet darauf, Gutes für Sie zu tun!" – Kann ich das glauben? Vertraue ich darauf?
32. Was erwartet Gott jetzt am ehesten von mir?
33. „Wer sich übereilt, rückt von Gottes Sache ab" (Vinzenz von Paul): trifft mich dieses Wort?
34. Wo kommt in meinem Leben zum Ausdruck, daß ich an die Macht Gottes glaube?
35. Was ist *mein* Ansatz zu meiner Spiritualität?
36. Was an Jesu Leben und Weisung spricht mich besonders an? („Lebe das, was du vom Evangelium begriffen hast, und sei es noch so wenig" Roger Schutz.)

37. Worin besteht gegenwärtig am ehesten meine Weise der Jüngerschaft?
38. Wovon nährt sich mein Christsein jetzt am meisten?
39. Das Kreuz in meinem Zimmer – was bedeutet es für mich?
40. Wenn ein Nichtchrist bei mir wohnte: Was würde ihm mein Christsein in Frage stellen? Was würde ihn überzeugen können?
41. Was würde sich tatsächlich in meinem Leben ändern, wenn es Christus nicht gäbe?
42. Wenn ich gefragt würde: Welche Lebensweisung, welche geistliche Lebensregel ist für Sie besonders wichtig geworden? – wie würde ich darauf antworten?
43. Was erschwert mir das Gebet?
44. Bete ich eher in der Fülle oder in der Leere?
45. Welche Weise des Gebetes liegt mir jetzt am meisten?
46. Was ist *mein* geistliches Exerzitium (= jene „Verwandlungsübung", die das Spürbewußtsein für die Wahrheitsstimme in mir freilegt, die mich öffnet für die läuternde und vertrauenspendende Nähe Gottes)?
47. „Zum Glauben gehören Disziplin und Beständigkeit" (Wernher von Braun) – meine Antwort darauf?
48. Glaube und Gebet bleiben nicht wahrhaftig, wenn die Verzichte nicht gebracht werden, die von der Gottes- und Nächstenliebe erwartet werden. – Wie ist das bei mir?
49. Glaube und Gebet bleiben nicht wahrhaftig, wenn das Ja Gottes zur Schöpfung nicht wahrgenommen wird. („Die natürliche Freude am Sein ist die erste

Morgenröte der göttlichen Begegnung" Teilhard de Chardin.) – Wie ist das bei mir?
50. „Immer, wenn es sich um Kreuzwege handelt, um Mehrwege, ist es hilfreich, einen einzigen Vorsatz in der Form zu haben, dem man das Nähere nachordnet" (Erhart Kästner). – Was ist mein Vorsatz in der Ferne, was sind die nächsten Schritte?

„Wenn nicht ich, wer denn?
Wenn nicht jetzt, wann denn?
Wenn nur für mich, was bin ich?" *Talmudisches Wort*

Johannes Bours

Der Gott, der mein Hirte war mein Leben lang

Mit Bibelworten beten

5. Auflage. 128 Seiten, Paperback. ISBN 3-451-17991-1

Ein völlig unkompliziertes Buch, das in einer geradezu befreienden Weise einfach und persönlich und überzeugend ist. Sechzig kurze Bibelworte sind aus den beiden ersten Büchern der Bibel gewählt, gewaltige Worte aus den Schöpfungskapiteln, den Vätererzählungen, der Befreiungsgeschichte Israels, in denen bleibend gültige Glaubenserfahrungen und Lebenserfahrungen des Menschen gesammelt sind. Diese Worte werden nach ihrer Aussage, ihrem Zuspruch, ihrem Anspruch gedeutet; sie werden unter der Frage bedacht, wie ich Christus hierin erkenne, und mit einem Gebet beantwortet.

Johannes Bours – Franz Kamphaus

Leidenschaft für Gott

Ehelosigkeit – Armut – Gehorsam

5. Auflage. 192 Seiten, Paperback. ISBN 3-451-19435-X

„Dieses Buch hat sich als ‚Geheimtip' offensichtlich schnell herumgesprochen und in kürzester Zeit viele Freunde gefunden. Zu Recht! Denn es gehört nicht zu den schnell hingeworfenen, sondern zu den langsam gereiften Büchern, von denen eine stille und dabei glühende Ausstrahlung ausgeht. Die evangelischen Räte werden hier in eine Perspektive gerückt, die dem innerkirchlichen Lebens- und Erziehungsstil nicht selten fremd und oft genug verdächtig war: Leidenschaft für Gott. Die einzelnen Kapitel über Ehelosigkeit, Armut, Gehorsam entfalten die innere Dynamik der Einladung des Evangeliums zu radikalem Glauben. Dabei wird die biblische Grundierung überzeugend mit existenzieller Konkretisierung verbunden" (Anzeiger für die Seelsorge).

Verlag Herder Freiburg · Basel · Wien